Fr. Ricardo Ferreira dos Santos, ofm

A Caridade Divina derramada em nossos Corações:

Fr. Ricardo Ferreira dos Santos, ofm

A Caridade Divina derramada em nossos Corações:

O Espírito Santo e a Igreja segundo São Boaventura

CREDO EDICIONES

Imprint
Any brand names and product names mentioned in this book are subject to trademark, brand or patent protection and are trademarks or registered trademarks of their respective holders. The use of brand names, product names, common names, trade names, product descriptions etc. even without a particular marking in this work is in no way to be construed to mean that such names may be regarded as unrestricted in respect of trademark and brand protection legislation and could thus be used by anyone.

Cover image: www.ingimage.com

Publisher:
CREDO EDICIONES
ist ein Imprint der / is a trademark of
International Book Market Service Ltd., member of OmniScriptum Publishing Group
17 Meldrum Street, Beau Bassin 71504, Mauritius

Printed at: see last page
ISBN: 978-613-1-84299-3

A Caridade Divina Derramada em nossos Corações:

O Espírito Santo e a Igreja segundo São Boaventura

Índice

Introdução

A Eclesiologia de são Boaventura é rica de elementos que nos permite visão ampla e profunda do mistério da Igreja. Em resumo, s. Boaventura compreende a Igreja usando o conceito de "corpo místico". Cristo, Verbo encarnado, tem um lugar de primazia no corpo místico, que inclui a Igreja seja no céu ou na terra, a militante, em purificação e a celeste ou triunfante, abarcando todos aqueles que no passado até o momento presente pela fé de modo implícito acolheram a Cristo. Ele é a cabeça do seu corpo místico; princípio dos membros e doador supremo da graça. Há verdadeiro vínculo irrompível pela caridade que une todos os seus membros de todas as raças, línguas e nações de todos os tempos. A graça na e pela caridade realiza essa unidade cósmica e universal, reunindo e unindo tudo e todos os que crêem em Cristo num único corpo místico.

Em sua condescendência e misericórdia, a Trindade em Cristo desceu até nós, no mistério de sua encarnação, para nos comunicar dons e carismas que fundam e edificam a Igreja e a faz mediadora da graça para si e para a humanidade. Por conseguinte, no momento decisivo de sua Paixão, coroamento de sua obra salvífica, Cristo nos comunicou no dia de Pentecostes o dom do seu Espírito Santo.

Neste sentido, a Igreja é pensada pelo doutor franciscano não a partir de sua dimensão terrena e externa, isto é, em seus elementos exteriores (jurídico-institucional e social), enquanto povo de Deus, militante ou peregrina, mas partindo de seus elementos interiores e místicos e a considerando também em sua dimensão sacramental[1].

O que confere essa realidade à Igreja vem da Trindade que comunica a sua graça às criaturas. Resulta de sua bondade e largueza de seu amor gratuito. Por conseguinte, em sua missão temporal no âmbito da economia da salvação, o Espírito Santo tem uma importância fundamental de modo a nos ajudar a pensar de forma mais profunda o mistério da Igreja pela qual a Trindade comunica a vida da graça à humanidade.

Dito isto, perguntamos:

---

[1] POMPEI, Alfonso, *Eclesiología Franciscana*, in: MERINO, J. A. e FRENESDA, F. M. (org.), Manual de Teologia Franciscana, trad. bras. Petrópolis: Editora Vozes e FFB, 2005, p. 219-220.

Qual é o papel do Espírito Santo na eclesiologia do doutor franciscano?

Nosso propósito neste trabalho é tentar explicitar o lugar e o significado teológico do Espírito Santo na eclesiologia de são Boaventura.

Para responder a essa questão é importante situar teologicamente terceira Pessoa no seio das relações da Trindade, passando em seguida a reflexão de sua missão na história da salvação e, finalmente buscamos aprofundar o significado de seu papel na vida da Igreja terrena ou militante e dos fiéis em particular.

1. Deus é o sumo Bem, comunicação de Si mesmo[2]

Para responder essa questão é preciso entender em primeiro lugar o ser de Deus.

Quem é Deus na compreensão bíblico-teológica de são Boaventura? Segundo o doutor seráfico, Deus é o "Bem" que tende a se difundir, a se doar. Daí o princípio dionisiano adotado por são Boaventura, seguindo o ensinamento de seu mestre Alexandre de Hales: "Bonum diffusivum sui". Neste sentido, Deus em si mesmo é difusivo. Ele tende a comunicar-se a si mesmo, isto é, se difunde, comunicando o seu próprio ser. Essa comunicação é a forma mais perfeita dessa difusão.

O ponto de partida para se compreender o ser de Deus é a "primitas". Através de Ricardo de são Vitor, são Boaventura segue axioma oriundo da teologia dos Padres gregos: Quanto mais uma realidade for primeira tanto mais fecunda e princípio das outras[3]. Em Deus trino e uno reside a plenitude fontal (fontalis plenitudo) e a suma fecundidade. As processões realizam essa comunicação de Deus em grau sumo e perfeito. Entretanto, no seio das relações trinitárias essa plenitude fontal está na Pessoa do Pai. Ele possui a primazia e a inascibilidade. Tal é a característica pessoal do Pai, primeira Pessoa da ssma. Trindade. Além de ser o primeiro na ordem de origem, Ele não procede de nada ou de ninguém. O Pai é o princípio fecundo da natureza, da bondade e do amor em sua relação vital e pessoal com as outras Pessoas divinas. Ele é o princípio fontal da vida

---

[2]Procedemos aqui a modo de síntese a exposição dos elementos principais dessa doutrina, já aprofundados por BONNEFOY, J.-Fr. *Le Saint-Esprit et ses dons selon Saint Bonaventure*, Paris: Vrin, 1929; e MATHIEU, Luc, *La Trinité Creatrice d'après Saint Bonaventure,* Paris: Les Éditions Francicaines, 1992, de modo especial.

[3] I Sent. d. 2 a. 1 q. 2 fund. 4, (I 53). BONAVENTURAE. *OPERA OMNIA. Commentaria in Quatuor Libros Sententiarium Magistri Petri Lombardi*, t. I, Florença: Ad Claras Aquas (Quaracchi), Ex Typografhia Colleggi S. Bonaventurae, 1882.

divina na comunicação da riqueza de sua pessoa às outras Pessoas. O primado requer a pluralidade de Pessoas. Com efeito, a natureza em Deus é simples e perfeita.

Como conciliar, segundo são Boaventura a distinção de Pessoas e a unidade simples e perfeita em Deus?

As Pessoas divinas são absolutamente iguais, co-eternas e co-onipotentes e perfeitamente simples [4]. Porém, não se pode distingui-las pelas qualidades (per qualitatem) porque essas só podem ser aplicadas às criaturas[5], mas considerando o conceito de "origem". Na relação de origem entre elas se pode distingui-las uma das outras.

Porque as Pessoas nada acrescentam a natureza visto que são a única e a mesma natureza divina. É somente a origem ab aeterno que possibilita essa distinção no ser da Trindade. A origem distingue duas coisas absolutamente idênticas tendo uma origem diferente. A distinção não introduz nenhuma composição porque nada se acrescenta à natureza que é comunicada de uma Pessoa a outra. Possuindo uma origem diferente não podem ser confundidas.

As Pessoas divinas possuem a mesma natureza e se distinguem pelas relações de origens e pelas propriedades pessoais[6].

Com efeito, essa comunicação em Deus se dá segundo a ordem de origem e em dois modos: segundo a natureza e segundo a vontade. Na primeira, se distingue o que gera e o gerado. Assim se distingue a Pessoa do Pai daquela do Filho. Na segunda, se distingue pessoalmente o Dom do seu princípio. A terceira Pessoa, ou seja, o Espírito Santo se distingue pelo modo de vontade e liberalidade, cuja emanação se dá por via da vontade ou do amor.

Pelo modo da natureza, no Pai, a primeira Pessoa da Trindade gera o Filho. E pelo modo da vontade (modum voluntatis) ou liberalidade espira o Espírito Santo. Daí a origem e a ordem em Deus desde a eternidade que se dá de modo perfeito. Por outro lado,

---

[4]MATHIEU, Luc. *Introduction: La Doctrine Trinitaire de Saint Bonaventure,* in: Saint Bonaventure, p. 1, La Trinité de Dieu, trad. franc. Paris: editions franciscaines, 1967, p. 13.
[5] I Sent. d. 34, a. un., q. 1, concl. (I 587 b).
[6] I Sent. d. 7 a. 1 q. 1 ad 2 (I 136 b); cf. MATHIEU, Luc. p. 34.

o modo de proceder do Espírito Santo é a forma mais perfeita de proceder por liberalidade. Isto porque, o Espírito procede como amor do Pai e do Filho.

Em Deus tudo é perfeito. Neste sentido, a processão realiza aquela comunicação que define a perfeição de Deus como Sumo Bem. A perfeição de Deus como amor exige necessariamente a terceira Pessoa. Requer a participação de uma terceira Pessoa em vista dessa comunicação do amor divino. Logo, o Dom que procede dele é amor mútuo. Esse Dom é fruto dessa relação pessoal e, por conseguinte, é Pessoa. Esse Dom é o Espírito Santo que coroa e consuma esse amor mútuo.

2. A propriedade pessoal do Espírito Santo

Além da ordem de origem, de que outro modo o Espírito Santo se distingue das outras duas Pessoas divinas? Através de sua propriedade pessoal. Segundo o doutor seráfico o amor ou caridade é a sua propriedade pessoal que lhe distingue do Pai e do Filho. O amor convém a toda Trindade, porém constitui a propriedade pessoal do Espírito Santo. Sendo a Trindade amor ou caridade requer em sua relação amorosa uma terceira Pessoa. São Boaventura parte do princípio oriundo de Ricardo de São Vitor segundo o qual o amor por "um outro" é mais perfeito do que aquele por si mesmo e o amor por um outro comunicado a um terceiro é a mais alta forma de perfeição. Assim a processão do Espírito Santo é "efeito formal" da perfeição do amor divino[7].

O Espírito Santo por espiração procede do Pai e do Filho por via da vontade ou do amor. Ele é chamado de "nexo" ou o laço de união entre ambos[8]. Ele é a comunhão entre ambos (communio amborum), cuja propriedade, que indica relação relativa, não absoluta, se chama "amor"[9]. Tal é a sua propriedade essencial que o distingue das outras Pessoas divinas. Ele é o amor fecundo personificado, a força amorosa unitiva. Ele é o amor personificado no qual encerra o círculo de amores e as processões no seio da Divindade.

Com efeito, o amor constitui a essência do ser divino, elemento comum às três pessoas da ssma. Trindade e, por conseguinte, propriedade constitutiva da Terceira

---

[7] I Sent. d. 10, a. 1, q. 1, f. 1 (I 194 b). Cf. MELONE, Mary. "*Spiritus sanctus*", in: Dizionario Bonaventuriano, p. 762-763.

[8] I Sent. d. 10a. 2 q.2 concl. (I 202).

[9] Cf. OLTRA, Miguel, BUENAVENTURA, *La Santisima Trinidad y los dones Del Espiritu Santo em San Buenaventura*, in: *Introduccion General, Obras de San Buenaventura*, t. 5, trad. esp. Madrid: BAC, 1948, p. 31.

Pessoa. São Boaventura acentua o caráter relacional do amor de Deus. Esse vínculo ou nexo não causa, mas atua o amor recíproco do Pai e do Filho. Para o doutor seráfico não existe um amor em si mesmo, mas para o outro e mais um terceiro.

Segundo são Boaventura, o amor se distingue em três níveis1) essencial: indica o amor em forma de complacência, ato com o qual toda pessoa ama a si mesma; 2) nocional: amor como concórdia, se refere ao amor que une o Pai e o Filho no doar o Espírito Santo; 3) pessoal: a pessoa mesma do Espírito Santo que tem origem da vontade divina e liberal, gratuita, fecunda e sobreabundante[10]. Ele é pessoa igual em essência ao Pai e ao Filho e que se distingue de ambas como pessoa. Nesse dinamismo de amor intratrinitário, o Espírito Santo é pessoa.

Considerando tal propriedade, seguindo a tradição agostiniana, retomada por Ricardo de São Vitor, se deve entender de modo mais profundo a terceira Pessoa não como um produto, mas em razão de sua relação com as outras pessoas divinas. Ele opera esse amor na relação com o Pai e o Filho. Mais do que comunidade, a relação de amor no seio da Trindade é "comunhão" (communio). Por conseguinte, o Espírito Santo é a satisfação desse amor que gera comunhão.

Segundo são Boaventura, as pessoas se unem no Espírito Santo não porque estão separadas, mas porque o mesmo satisfaz ou realiza a unidade daquele que é distinto[11]. Em Deus há pluralidade e distinção. Na terceira Pessoa, Deus que é trino encontra sua unidade, consumação ou plenitude. Para o doutor seráfico, o Espírito Santo é chamado de "vínculo" do Pai e do Filho. Ele é o amor no qual uma pessoa ama e tende para o outra, operando a comunhão, a concórdia e o encontro de uma pessoa com a outra e também o estar de uma na outra. Portanto, é próprio do Espírito Santo estabelecer vínculos, realizar a unidade, gerar comunhão.

O Espírito Santo procede como hálito ou sopro do Pai e do Filho. Procede do ato amoroso mais nobre da vontade, em forma de amor, da suprema plenitude de amor. Essencialmente na vontade, o Pai e o Filho devem espirar ao Espírito Santo necessariamente, porém livremente, sem que nada se produza para fora da Divindade.

---

[10] Cf. I Sent. d. 10 a. 2 q. 1 resp. (I 201 a).

[11] MELONE, Mary, "*Spiritus sanctus*", in: *Dizionario Bonaventuriano*, Padova: Editrice Francescane, 2008, p. 764.

Pois, o amor entre dois exige um terceiro, realizando no seio da Trindade divina comunhão.

A vontade divina fecunda nas duas primeiras Pessoas, que espira a terceira é infecunda nesta última. No entanto, essa sua infecundidade "ad intra" vai se tornar "fecunda" ao se manifestar em sua missão visível ou ad extra. Porque toda criatura racional é predestinada a receber esse "Dom" ab aeterno no tempo.

O Espírito Santo procede por modo de "liberalidade". "Vontade", termo aristotélico usado por são Boaventura e "liberalidade" são sinônimos[12]. "Liberalitas" significa, em primeiro lugar, "largitas", ou seja, disposição da alma que se dispõe a dar muitas e grandes coisas com prontidão, generosidade e gratuidade. Em segundo lugar, esse termo é entendido também no sentido de opção ou decisão livre. Deus é absolutamente livre em sua vontade. Indica o conceito de liberdade no sentido moral e atributo divino. Deus possui a liberdade em grau sumo e perfeito.

O Espírito Santo além de "vínculo" ou nexo é também chamado de "Donum", isto é, aquele que se dá pessoalmente ou que doa algo de si[13]. Declara o doutor franciscano que por modo de liberalidade, a terceira pessoa procede como "Dom". Logo, em Deus há amor perfeito, emanação perfeita e vontade perfeita, liberalíssima, afirma[14]. Neste sentido, em sua naturera há fecundidade para produzir ou gerar[15].

O Espírito Santo é dom "ab aeterno" e "ex tempore". O mesmo é comunicável em Deus, no seio eterno da Trindade, e dado às criaturas racionais no tempo. Esse nome expressa a perfeição da suma gratuidade de Deus, fruto dessa união e comunhão do Pai e do Filho no Espírito Santo. Essa ideia reforça o conceito de comunhão no seio da Trindade. O Pai e o Filho não somente doam o Espírito Santo, mas também se doam às criaturas com e no Espírito Santo.

A terceira Pessoa é dom desde toda a eternidade no seio da Trindade. Antes mesmo da existência criada, Ele é dom. Segundo o doutor franciscano, ele é apto para ser comunicável porque emana por via da liberalidade. O seu modo de proceder implica a

---

[12]Cf. BONNEFOY, J.-Fr. *Le Saint-Esprit et ses dons selon Saint Bonaventure*, Paris: Vrin, 1929, p. 26. Cf. I Sent d. 6 a. uni. q. 3 q. 3 (I 129).
[13] I Sent d. 6 a. uni. q. 3 q. 3 (I 129).
[14] I Sent. d. 10 a. 1 q. 1 concl. (I 195 b).
[15] Ibid.

"donabilitas", ou seja, a donabilidade. Significa neste sentido, que o mesmo é doável, prescindindo o tempo e a criação.

3. O Espírito Santo é o "Dom"

Na economia da salvação, o Espírito Santo é chamado de "Dom". Segundo o doutor seráfico, Espírito Santo é o "dom incriado" que procede de Deus e do Cordeiro[16]. Ele é o

"dom incriado ótimo e perfeito, que desce do Pai das luzes por meio do Verbo encarnado, conforme o livro do Apocalipse"[17].

Esse seu nome próprio tem relação com o seu modo de processão e com as criaturas, especialmente quando se refere à vida da graça. Significa comunicação em Deus e para com as criaturas em forma de dons e graças. Ele é Dom que se dá (donum) e que também concede abundantemente os seus dons (datum).

O Espírito Santo é "amor" e, por conseguinte, Dom no qual todos os outros dons são doados[18]. Ele é anterior a todo e qualquer dom. *"Spiritus sanctus est primum donum"*, afirma o doutor seráfico. Todos os dons se reduzem ao Dom, que é o Espírito Santo. Todos os dons são dados em razão do Espírito Santo[19].

Segundo sto. Agostinho, cita o doutor franciscano, o Espírito Santo é o dom e é dito dom porque é dado: pessoalmente é dom e é dado pessoalmente[20]. Explica o doutor franciscano que o Espírito Santo é amor e o primeiro amor. Porque "amor", o Espírito Santo é o dom primeiro, no qual todos os dons são doados. Ele ó Dom primeiro por excelência. Neste sentido, o amor é o principio de toda doação

O Espírito Santo é a caridade de Deus infundida em nossos corações de acordo com são Paulo[21]. E segundo Santo Agostinho, o Espírito Santo é dom pelo qual se concede

---

[16] Brev. p. 5 c. 1 n. 2. BUENAVENTURA, *Obras de San Beunaventura*, t. I, 1ª. ed. Madrid: BAC, 1945, p. 377.
[17] Ibid.
[18] I Sent. d. 6 q. 3 (I 129).
[19] I Sent. d. 10, a. 2, q. 3, dub. 3 (I 206 a).
[20] I Sent. d. 14 a. 2 q. 1 q. 1 n. 2 e 3 (I 249).
[21] Rom 5, 5.

outros dons. Por conseguinte, o Espírito Santo é o dom incriado que nos concede os dons criados[22].

Esse nome Dom, segundo são Boaventura, relaciona o Espírito Santo às criaturas; supõe um destinatário e está ligado ao mundo criado. Podemos distinguir esse termo “Dom” em três níveis: 1) ato (actus) porque o dom vem efetivamente doado; 2) disposição (habitus) porque indica a possibilidade de o dom ser doado alguma vez e, finalmente, 3) Atitude (aptitudo) significa a possibilidade intrínseca ao dom de ser doado. Eternamente, ele procede como Dom porque ordenado a ser doável.

Segundo são Boavenutura não somente as criaturas espirituais, mas toda criatura na ordem natural ou sobrenatural é beneficiária do Dom incriado. É Ele que manifesta a bondade do Criador e que continuamente sustenta o ser de toda criatura. Daí a designação boaventuriana da universalidade da graça. Toda criatura recebe como dom a sua própria existência que, por conseguinte, é efeito de uma doação apropriada à Pessoa do Espírito Santo, Dom incriado.

Entretanto, ordinariamente e mais explicitamente, como observa Luc Mathieu, os dons sobrenaturais (dona gratuita) são atribuídos por apropriação à influência pessoal do Espírito Santo[23]. Logo, na ordem da salvação, todo o universo da graça tem relação com o Espírito Santo.

Assim tudo o que se refere à benevolência, a bondade ou ao bem-querer divino se atribui à terceira Pessoa da ssma. Trindade. O doutor franciscano retoma e aprofunda essa ideia de seu mestre Alexandre de Hales. Com efeito, a bondade é o atributo essencial do Espírito Santo[24].

Contudo, em Deus não há varias operações, mas uma única e mesma operação trinitária ad extra que atua a criação, a salvação e a glorificação e que é tríplice em seus efeitos.

“E assim o Pai e o Filho e o Espírito Santo são um criador pela natureza, um santificador pela graça, um remunerador pela glória...[25]*”.*

---

[22] I Sent. d. 14, a. 2, q. 1, n. 1- 4 (I 237 -238).
[23] MATHIEU, Luc. p. 175.
[24] Ibid. p. 173.
[25] Hex. c. 8, n. 13. BUENAVENTURA, *Obras de San Buenaventura*, t. III, 1ª. ed., Madrid: BAC, 1945, p. 343.

Para o doutor seráfico, o Espírito Santo procedendo do Pai e do Filho e, por ser "termo" ou "fim" das processões em Deus, segundo a sua ordem de origem, é o "fim" ou a perfeição que consiste na santificação das criaturas racionais ou espirituais[26]. São Boaventura se aproxima da tradição teológica dos padres gregos, que na operação divina tri-pessoal lhe atribui o coroamento da obra da criação, da reparação e da glorificação. Em sua bondade, Ele conserva, aperfeiçoa todas as criaturas. Pois, segundo são Basílio, o Espírito Santo é o aperfeiçoamento da criação[27]. Segundo o doutor franciscano, o Espírito Santo em sua operação ad extra se apropria da "causalidade final" já que Ele é o fim ou coroamento da criação e da obra da salvação.

Afirma ainda o doutor franciscano que o Pai tem razão de princípio porque dele procede o Filho e o Espírito Santo. Por conseguinte, o Espírito Santo, do qual não procede outra Pessoa é a razão última e completiva, enquanto o Filho é a Pessoa média na Trindade[28].

O doutor franciscano ressalta também a doutrina das "apropriações" que nos ajuda a pensar no lugar e papel da Pessoas divinas na relação entre si e com as criaturas[29]. Trata-se de atribuições próprias dadas às pessoas divinas e que são essencialmente comuns a todas, conforme ensinamento da sagrada Escritura. Estas têm o fim de nos ajudar a conhecer o mistério trinitário e alcançar o significado do modo de agir de cada Pessoa divina. O Pai se apropria da unidade, o Filho da verdade e o Espírito Santo da bondade. Assim, segundo sto. Hilário, a eternidade se apropria o Pai, a espécie ou beleza na Imagem e o uso ao Dom. Declara também que no Pai há razão de princípio; no Filho de exemplar e no Espírito Santo, razão no fim.

Estes nomes não são próprios, nem indica distinção de propriedades de cada Pessoa. Porém, nos conduzem ao entendimento e ao conhecimento das três Pessoas divinas[30]. Igualmente nos remetem ao ser da própria Trindade. Esta é distinta, indivisa e possui operação em comum. A suma unidade se apropria ao Pai que é a origem das Pessoas, a suma Verdade ao Filho que procede do Pai como Verbo e a suma bondade ao

---

[26] MATHIEU, Luc. p. 176.
[27] MATHIEU Luc. p. 178.
[28] Dom. Adv. III sermo 9 (IX 60). BONAVENTURAE, *OPERA OMNIA*. Sermones de tempore, de sanctis, de B. Virgine Maria et de diversis, t. IX, Florença: Ad Claras Aquas (Quaracchi), Ex Typografhia Colleggi S. Bonaventurae, 1901.
[29] Brev. t. 1 p. 1 c. 6 (BAC I 223-227).
[3030] Ibid. n. 2 (225).

Espírito Santo que procede de ambas como amor e dom. O primeiro é sumamente uno porque não tem começo, o segundo, sumamente verdadeiro porque é igual e belo e o terceiro, sumamente bom porque sumamente útil e proveitoso.

Daí porque se entende as apropriações segundo sto. Hilário: a eternidade ao Pai porque não tem começo, mas é absolutamente primeiro; a espécie na Imagem, isto é, no Verbo porque é sumamente belo ou formoso; o uso no Dom por ser sumamente proveitoso e comunicativo. Enquanto o Pai, o sumamente uno e primeiro tem razão de principiar, o Filho, por sua vez, tem razão de expressar e exemplar e o Espírito Santo que é sumamente proveitoso e bom tem razão de fim.

Observa ainda são Boaventura que o atributo "bem" coincide com o "fim"[31]. Com efeito, a eficiência se apropria ao Pai, a exemplaridade ao Filho e a finalidade ao Espírito Santo. Em última análise, enquanto todo poder flui do primeiro e sumo Princípio; todo saber do primeiro e sumo exemplar e todo querer tende ao sumo fim. Poder, sabedoria e vontade são os respectivos atributos apropriados das três Pessoas divinas.

Esta doutrina nos ajuda também a pensar na relevância da ordem nas relações trinitárias. Deste modo, a verdade pressupõe o conhecimento e, por sua vez, a vontade e o conhecimento pressupõem o poder e a virtude, pensa o doutor franciscano[32]. Esta ordem tem o seu início, meio e fim, conduzindo sempre a consumação ou a plenitude. Tal consumação como fim da Trindade coincide sempre com a origem ou o começo.

No livro do Hexaemeron retoma esta doutrina, declarando que as três Pessoas divinas são princípio e origem originante, governante e beatificante[33]. A Trindade é o sumo monarca onde os atributos de cada pessoa só tem razão de ser quando converge na unidade ou na ordem de ação de uma na outra. O monarca é o princípe porque é princípio no produzir, meio no governar ou presidir e fim no beatificar. Afirma que em todas essas operações trinitárias em tudo tem a primazia. Para ser verdadeiro monarca deve poder com suma soberania, presidir com suma fortaleza e alimentar com suma dolcura. O primeiro se apropria o Pai, o segundo o Filho e o terceiro o Espírito Santo. O Pai pode com com suma soberania em si, pode com a soberania do Filho e pode com a soberania no Espírito Santo, e assim esta comuhão na ação continua igualmente a partir do modo

---

[31] Brev. t. 1 p. 1 c. 6 n. 4 (BAC I 227).
[32] Ibid. n. 5 (Ibid.)
[33] Hex. c. 21 n. 12 (BAC III 589).

de ação das outras Pessoas divinas conforme os atributos apropriados, pensa o doutor seráfico.

Esta doutrina ressalta o lugar do Espírito Santo como finalização da obra da criação e da salvação. A terceira Pessoa em sua relação com as criaturas segundo o seu atributo apropriado tem a razão da bondade, da vontade ou do querer, da benevolência e da finalização. Cabe ao Espírito Santo em movimento de retorno, juntamente com o Filho, exemplar, sabedoria e beleza conduzir todas as coisas ao Pai, primeiro princípio ou unidade primeira, finalizando, completando e aperfeiçoando a obra da criação, da salvação e da glorificação.

Continuando o seu aprofundamento sobre a teologia do dom do Espírito Santo, são Boaventura não somente se baseia em sto. Agostinho. Este santo doutor de Hipona fala do Espírito Santo como Dom visto que é dado à Comunidade dos fiéis, conforme diz a primeira carta aos Coríntios[34]. Entretanto, com base no ensinamento dos Padres gregos, o doutor franciscano não usa o ablativo "per", mas sim "quo" ao descrever a intervenção do Espírito em nossa santificação. São Boaventura afirma que o Espírito Santo é *"Donum in quo omnia dona alia donatur",* isto é, Dom no qual todos os dons são doados.

Com isso alarga o doutor franciscano a perspectiva da compreensão de dom não somente se referindo aos dons sobrenaturais que acompanham o primeiro dom, mas também tudo o que é considerado sob a forma de dom.

O modo criador do Espírito Santo é ser "exemplar"[35]. Porém, a sua exemplaridade se distingue daquela da segunda Pessoa. Enquanto o Filho ou o Verbo é o exemplar de tudo o que o Pai concebe e opera, sendo razão de nossa produção exemplar, a terceira Pessoa é Dom exemplar de toda doação, doação concebida pelo Pai no Verbo. O Espírito Santo é a razão exemplar de toda liberalidade, portanto, de toda doação eternamente no seio da Trindade.

Nenhum ato liberal é concebível a não ser conforme a eterna espiração amorosa do Espírito Santo que não seja a imagem desta fundamental e primeira liberalidade e somente dela recebe sua razão, sua verdade e, por consequência, o seu ser mesmo.

---

[34] 1 Cor 12, 11.
[35]MATHIEU, Luc. *La Trinité Creatrice d'après Saint Bonaventure*. p. 186. Cf. I Sent. d. 6 a. uni. q. 3 concl. (I 129).

Insiste o doutor franciscano que a causalidade dos dons criados não é própria ao Espírito visto que indivisível é a ação trinitária ad extra, mas a "donabilidade" é própria ao Espírito enquanto razão formal de toda doação possível, independente de sua atualização.

A doação do Dom é o exemplar ou a razão formal de toda doação: *ratio donationis*[36]. Doação que conduz normalmente à bondade divina às criaturas. Com efeito, essa primeira doação é prenhe de todos os outros dons.

Desde a eternidade, no seio da Trindade, o Espírito Santo é a razão exemplar de toda liberalidade e, por conseguinte, de toda doação. Como exemplar, se distingue do modo exemplar do Filho, o Verbo. Enquanto o Verbo é o exemplar de toda produção, o Espírito Santo é o exemplar de toda doação. Tal doação é atemporal visto que o Dom incriado escapa à medida do tempo e é anterior a toda criatura. E com esse Dom incriado, o Pai e o Filho por meio da produção de dons e graças comunicam o seu amor ou bondade às criaturas.

Daí o significado da afirmação: *"Donum in quo omnia alia dona donantur"*[37]. Esse ablativo pode significar concomitância, ou seja, no momento que, acolhemos o Espírito, recebemos de Deus uma multidão de dons[38]. Essa relação de concomitância se refere somente aos dons da graça santificante.

Essa processão dos dons e graças tem a sua origem na liberalidade do Pai e do Filho que nos dá o Espírito Santo. Resulta desse movimento que parte do Pai e se dirige ao Espírito. Essa comunidade ou comunhão da graça supõe a processão do Espírito Santo, Dom incriado. E, por conseguinte, aquele que recebe esse Dom incriado recebe também em virtude da circumincessão ou pericorese as duas outras Pessoas divinas; recebe Deus-Trindade[39].

O Espírito Santo, Dom incriado nos é dado juntamente com a graça criada[40]. A graça é um dom divino; está relacionada à processão do Espírito Santo; supõe essa processão. A produção da graça na alma procede do mesmo movimento que parte do Pai

---

[36] MATHIEU, L. p. 186. Cf. I Sent. d. 18 a. unic. q. 1 (I 323 a- 324 a).
[37] I Sent. d. 14 a. 2 q. 1 q. 1 n. 2 e 3 (I 249).
[38] Cf. MATHIEU, Luc p. 183. Cf. I Sent. d. 18 a. unic. q. 1 (324 a).
[39] Ibid. p. 261.
[40]Ibid. p. 260.

e conduz ao Espírito Santo. Deste modo, o princípio através do meio chega ao fim e vice e versa. Logo, princípio e fim, considerando o meio coincidem.

Não se dá uma criação isolada da graça da parte do Espírito Santo, porque operação única de toda Trindade, mas em virtude da processão da terceira Pessoa, fruto do amor do Pai e do Filho nos é dado em concomitância, os dons e graças juntamente com o Dom do Espírito. A graça criada é, pois, dada a nós juntamente com o Dom incriado. Porque se dá inabitação do Espírito Santo na alma do justo; habitação interior que determina uma relação pessoal de Deus com o ser humano.

Na processão do Espírito Santo como Dom nos é dada a graça criada. Com efeito, em virtude da processão e doação desse Dom se estabelece uma inabitação onde ao mesmo tempo habita na alma do justo, o Pai e o Filho. Portanto, a inabitação se dá sempre trinitariamente. A graça é efeito de toda Trindade que nos ama no Espírito e que espira sobre nós o Espírito Santo.

Segundo o doutor seráfico a causa da criatura está ligada à processão e às relações das Pessoas divinas no seio do amor e da vida intratrinitária. Para são Boaventura a natureza é sempre pessoal porque possuída por suas hipóstases. Portanto, nunca é algo de abstrato, mas concreto, pessoal, dinâmico, fecundo. Por conseguinte, as criaturas participam dessa dinâmica das relações pessoais da Trindade pela in-habitação do Espírito Santo.

Com efeito, essa inabitação não se dá apenas na alma do justo em particular, mas em toda Comunidade eclesial[41]. Tal presença interior do Espírito recebida na fé não somente nos concede a graça criada que nos santifica, mas nos une em comunhão e nos faz participar da vida da Trindade. E segundo são Boaventura, a Trindade é o "paradigma" da vida eclesial e, por conseguinte, o Espírito Santo, que é caridade e opera a virtude da caridade, reproduz na Igreja a vida de comunhão da Trindade.

Em Deus há duas classes de difusão: "ad intra" e "ad extra". Na primeira, uma Pessoa procede da outra seja por via da natureza ou da vontade. E na segunda, que é exterior e visível, consiste na produção de um efeito. Daí que no tempo, a ssma. Trindade age doando os seus dons. Porém, a perfeição desses dons e graças opera o Espírito Santo.

[41] Dom. XX post pent. Sermo 2 (IX 433 b).

Vimos que conforme explicação de são Boaventura, é toda Trindade criadora ad extra. O ato criador não pode ser atribuído a uma única Pessoa divina porque é obra do Deus uno e trino. Entretanto, cada pessoa possui uma modalidade ou modo próprio na participação da única atividade criadora, modo que exprime o "proprium" de cada pessoa divina enquanto ligada à sua propriedade.

Segundo são Boaventura, há uma relação entre a processão do Espírito e aquela da criatura. Ambas estão intimamente ligadas e são processões "per voluntatem", embora haja distinção. Enquanto a processão do Espírito se dá "na mesma natureza" (in eamdem naturam), a produção da criatura é procedente "de outra natureza" (alius naturae)[42]. Na processão da criatura que é temporal se dá uma relação de dependência, pois a origem da criatura encontra no proceder do Espírito Santo a sua condição de possibilidade, a sua razão profunda visto que Ele é a razão em si mesmo da gratuidade, do querer e do doar de Deus.

O Espírito é aquele no qual o Pai e o Filho quiseram a criação. No Espírito Santo, o Pai ama aquela criatura que criou por meio do Filho a fim de difundir a sua bondade. E mais. O Espírito Santo se revela como dom por meio do qual a comunhão divina pode ser comunicada e partilhada. Ele é o vínculo de união entre o Pai e o Filho, aquele no qual é comunicado o seu amor. Igualmente é vínculo entre Deus e os homens, aquele no qual é possível toda outra comunicação. O Espírito Santo que influi a graça e a caridade, em última análise, é Dom que opera a comunhão de Deus-Trindade com todas as criaturas.

4. A missão das Pessoas divinas

Em suma, essas difusões ou comunicação no seio da Trindade encontram sua explicação última na "plenitudo fontalitatis" que reside no Pai[43]. Na primeira pessoa da ssma. Trindade habita a plenitude fontal e a suma fecundidade dentro e fora da Trindade de modo que através do Filho e do Espírito, o Pai eterno se difunde em todo o seu amor no tempo. É o Pai que envia o Filho e, por conseguinte, com o Filho envia o Espírito Santo.

---

[42] Cf. Hex. c. 12. n. 3. BUENAVENTURA, *Obras de San Buenaventura*, t. III. Madrid: BAC, 1945, p. 397; MATHIEU, Luc. p. 170.

[43] I Sent. Proemium, p. 1 (I 1b); I Sent. d. 2 a. uni. q. 2 concl. (I 54); d. 11 a. uni. q. 1 n. 7-8 (I 213 b); I Sent. d. 11 a. uni. q. 2 concl. (I 215 b).

Essa ordem das missões trinitárias está associada segundo a mente do doutor seráfico à ordem das processões das Pessoas em Deus[44]. São Boaventura seguindo orientação agostiniana desenvolve a sua doutrina das missões das Pessoas divinas[45].

Segundo o doutor franciscano, a missão já começa no seio da Trindade (in divinis) e se expande na história da salvação quando o Filho e o Espírio Santo são enviados às criaturas[46]. Afirma o doutor seráfico que Deus Pai enviou o Filho e o Espírito Santo para cuidarem de nossa salvação[47]. Esse cuidado se dá suficientemente[48]. Portanto, a missão ad extra tem o seu fundamento, dinâmica e razão de ser no interior da vida e das relações no seio da divindade. Com efeito, Deus é o princípio e o fim de toda missão.

E quando acontece essa missão do Filho e do Espírito Santo?

Segundo a carta de são Paulo aos Galatas declara são Boaventura ambas as Pessoas divinas são enviadas na "plenitude dos tempos":

"E quando chegou a plenitude dos tempos, Deus enviou ao seu Filho; e porque somos filhos, Deus enviou o Espírito Santo a nossos corações"[49].

Citando o evangelho de são João, enfatiza o envio do Espírito Santo em missão em vista do testemunho da verdade[50].

A missão das Pessoas divinas se dá ab aeterno (na eternidade) e ex tempore (no tempo). Se fundamentando na autoridade dos Padres da Igreja (são Gregório e são Beda), o doutor seráfico afirma que toda missão tem o seu princípio em Deus desde toda eternidade (ab aeterno) e o seu fim no tempo (ex tempore)[51]. As pessoas procedendo de Deus são enviadas em missão. Esta pode ser ativa ou passiva. Mas qualquer que seja o modo da missão se encontra essencialmente em Deus. O doutor franciscano fala de três comparações em relação às missões em Deus. O Filho e o Espírito Santo ao serem

---

[44] Cf. MATHIEU, Luc, Introduction: *La Doctrine Trinitaire de Saint Bonaventure, in: Saint Bonaventure*, p. 1, La Trinité de Dieu. Paris: editions franciscaines, 1967, p. 36 - 39.
[45] Cf. I Sent. d. 14-16 (I 224-286).
[46] I Sent. d. 15 p. 1 a. uni. q. 1 (I 259).
[47] II Sent. d. 10 a. 1 q. 1 (II 259).
[48] Ibid. concl. n. 2 (II 260 b).
[49] Gl 4, 4.6.
[50] Jo 16, 7.
[51] I Sent. d. 15 p. 1 a. uni. q. 2 (I 261 a).

enviados inabitam e, por conseguinte, são possuídos como dom de modo que inabitando em alguns é conferido um efeito[52].

Missão segundo o doutor serafico é enviar. Esta (missio) por consequinte conota efeitos na criatura[53]. Na missão passiva se fala "essencialmente"[54]. Neste sentido, tal missão convém a toda Trindade porque sempre é dada e habita na pessoa do justo. Na missão, as Pessoas divinas estão inseparavelmente unidas em essência e operação. Tanto a Pessoa que envia como aquela que é enviada (mittere et mitti) são iguais em nobreza (aequalis nobilitatis)[55]. É sempre o Pai que envia. Por sua vez, o Filho e o Espírito Santo são enviados. O fim (terminus) da missão supõe sempre a emanação de outro (emanatio ab alio). O doutor seráfico faz esta distinção: a missão quando se refere ao efeito conota essencialmente, ou seja, toda Trindade é enviada em missão. Quando se refere a Pessoa pode ser "nocional". Neste sentido, esta ação divina de enviar e ser enviado distingue as Pessoas divinas enquanto Deus ou enquanto ao dom[56]. Os mestres e os antigos pensam que enviar e ser enviado considera a posição da subautoridade, da autoridade e a distinção[57].

Porém, na ação de dar não conota distinção. Dar é um modo de liberalidade ou amor comunicativo[58]. E assim na doação das Pessoas divinas não se distingue as Pessoas porque se refere "essencialmente" a toda Trindade que se doa como dom[59]. Outro modo de dar é comunicar algum dom, não somente em razão da liberalidade, mas também por causa da autoridade. E assim dar diz respeito a "noção" ou "nocionalidade"[60]. Neste sentido, quando se diz noção equivale ao sentido ativo de enviar e, por conseguinte, remete a doação passiva que é "proceder". O Espírito não produz a si mesmo, mas é produzido ab aeterno pelo Pai e pelo Filho[61].

---

[52] I Sent. d. 15 p. 1 a. unic. q. 1 (I 260 a).
[53] Cf. Ibid. q. 3 (I 262-263).
[54] Ibid. n. 3 (I 263 a).
[55] Ibid. n. 5 (I 263 a).
[56] Ibid. q. 4 (I 264 b).
[57] Ibid. (I 265 a).
[58] Ibid.
[59] Ibid.
[60] Ibid.
[61] Ibid.

Portanto, em Deus, há quem envia e quem é enviado. O fim (terminus) da missão é a criatura. Com efeito, esta missão em relação com as criaturas é temporal[62]. Missão é ação que tem em Deus o seu princípio ou fim.

Missão é doação temporal, mas enquanto temporal convém a toda Trindade porque a mesma doa o Espírito Santo, segundo sto. Agostinho[63].

De que modo acontece a missão do Filho e do Espírito Santo?

Quanto ao modo, dupla é a missão, ou seja, visível e invisível[64]. O Espírito Santo é dado ou enviado invisivelmente enquanto "Spiritus" ou enquanto "sanctus". Como Spiritus é dado o dom da graça "gratis datae"[65]. Através dessa graça nos é concedido dons ou carismas para o exercício do ministério ou serviços eclesiais. Neste sentido, a graça se exterioriza ou se visibiliza. Como sanctus ou santificante é dado o dom da graça "gratum facientis". Em outro volume do livro dos comentários a Pedro Lombardo, são Boaventura chama essa graça de santificante[66]. Trata-se do dom criado que nos santifica.

De modo semelhante, a Sabedoria ou o Filho pode ser enviado ou segundo a "faciens sapere" (fazer-se sábio) e, deste modo, pelo dom da graça gratum facientis[67]. Ou segundo a sabedoria (sapientia) chamada de sabor ou experiência (sapore). Essa presença do Filho com o Espírito Santo na alma do justo lhe possibilita experimentar ou saborear o dom da sabedoria; elemento fundamental para que haja justificação pela fé, segundo o doutor franciscano. Trata-se de uma graça e, por conseguinte, experiencia interior não perceptíveis pelos sentidos.

Dar e enviar o Filho ou Espírito Santo se diz de dois modos: ou "simpliciter" ou "ad hoc"[68]. Simpliciter quando se possui simplesmente não somente quanto ao uso, mas também quanto ao fruto. Este possuir simplesmente a graça se refere apenas a graça "gratum faciens". No segundo modo "ad hoc" quando não se refere ao fruto, mas quanto ao auxílio ou quanto ao uso qualquer de algum dom doado[69]. Este é dado segundo algum

---

[62] Ibid. concl. (I 262 a).
[63] I Sent. d. 15 p. 1 a. uni. q. 4 (I 264 a).
[64] Ibid. d. 16 p. 2 divisio textus (I 269 a/b).
[65] I Sent. d. 16 p. 2 a. uni. q. 1 concl. (I 270 b).
[66] II Sent. d. 28 a. 2 q. 1 in corp. et alibi passim.
[67] Ibid.
[68] Ibid.
[69] Ibid.

dom da graça "gratis datae", no qual se manifesta o Filho e o Espírito Santo[70]. Portanto, com o envio do Espírito Santo nos é dado algum dom, como por exemplo, a profecia dado com frequência[71]. Neste sentido, se possui ou se recebe o dom da graça "gratum faciens". Em relação a missão do Filho quando enviado se dá a revelação das coisas ocultas[72].

Porém, a manifestação daquilo que estava oculto somente pode acontecer com a graça gratum faciens. Neste sentido, segundo sto. Agostinho se percebe e se conhece mediante a informação da fé pelo dom da graça "gratis datae"[73]. Assim segundo Rabani se fala comumente de missão[74]. Deste modo, o Espírito Santo nos é dado, pois, missão é doação da Pessoa divina como dom. E segundo sto. Agostinho, falar em doação ou missão equivale a habitar ou simplesmente possuir[75].

Com efeito, a missão invisível tanto do Filho como do Espírito Santo supõe revelação e, por conseguinte, conhecimento. Assim quando nos é dado o dom da profecia pela inabitação do Espírito Santo simplesmente nos remete ao conhecimento segundo a idoneidade acolhida; e segundo a piedade exercitada. Por outro modo, segundo a revelação não é enviado simpliciter o Espírito Santo, mas ad hoc[76]. Na missão do Filho se dá a revelação das coisas ocultas. Neste sentido, o Filho que habita nos anjos, se revela pela missão dos anjos[77]. Por conseguinte, nesta revelação a alma é ilustrada ou iluminada pela graça. Não simpliciter pela graça gratis datae, mas pela graça gratis faciens, a qual simpliciter é enviada e dada[78]. Portanto, estes termos usados "simpliciter" e "ad hoc" significam a mútua e dinâmica relação entre os modos de doação da graça que acontece invisível e visivelmente, interior ou exteriormente. Desta forma, uma missão não pode acontecer sem a outra; a doação da graça gratis datae não pode acontecer sem a graça gratis faciens, pensa o doutor seráfico.

O que é e como acontece a missão visível e insivel do Filho e do Espírito Santo, indaga o doutor franciscano?

---

[70] Ibid.
[71] Ibid. (I 270 a).
[72] Ibid.
[73] Ibid.
[74] I sent. d. 15 p. 2 a. uni. q. 2 concl. (I 271 a).
[75] Ibid.
[76] Ibid.
[77] Ibid. (I 271 b).
[78] Ibid.

Segundo são Boaventura, a missão do Filho e do Espírito Santo significa doação[79]. A missão visível corresponde a algum efeito e sinal na criatura. A missão invisível se refere ao dom doado[80].

Missão invisível é dom conferido, no qual há manifestatio e inhabitatio[81]. Fala-se dos dons de Deus quanto a raiz ou quanto ao hábito ou quanto ao ato consequente. Quanto a raiz se refere a graça "gratum faciens", pela qual inabita o Filho e o Espírito Santo que são a raiz de todos os dons gratuitos que são dados ou enviados como dom[82].

Hábitos se disitnguem como puros afetivos, puros cognitivos e médios[83]. Aos hábitos puramente afetivos se apropria a terceira Pessoa, com os quais é dado ou enviado o Espírito Santo[84]. Nos hábitos puramente cognitivos não se apropriam nem o Filho nem o Espírito Santo aos quais são enviados. Nos hábitos em parte afetivos e em parte cognoscitivos são enviados o Filho e o Espírito Santo[85]. Nos cognitivos manifestam o Verbo e nos afetivos se manifesta o Amor[86]. E quanto aos atos consequentes significam a iluminação do entendimento e a inflamação do afeto[87]. Logo, sendo o habitus, disposição interior da graça, a mesma tende consequentemente a se exteriorizar em ação ou atitudes.

Estes muitos dons doados, que se distinguem em hábitos e atos consequentes são dados na missão invisível do Filho e do Espírito Santo que habitam a alma do justo. Estes são invisíveis e indivisíveis. Observa o doutor franciscano que há unidade e conexão compreendendo tanto os efeitos exteriores, quanto os interiores[88].

Com o envio do Espírito Santo o dom da graça que é dada interiormente tende a aumentar tanto invisível como visivelmente[89]. O ser humano cresce em santidade ou a comunidade eclesial cresce abundantemente segundo a doação e o uso de inúmeros e novos dons. A graça tende a aumentar ou crescer de modo a consumar a caridade[90]. Assim

---

[79] Ibid. q. 2 (I 271 a/b).
[80] Ibid. (I 271 b).
[81] Ibid. (I 272 a/b).
[82] Ibid. (I 272 b).
[83] Ibid. (I 272 b).
[84] Ibid.
[85] Ibid.
[86] Ibid.
[87] Ibid.
[88] Ibid.
[89] I Sent. d. 15 p. 2 a. uni. q. 3 concl. (I 273 a).
[90] Ibid.

aconteceu, por exemplo, com os apóstolos em Pentecostes. O Espírito Santo é dado ou enviado juntamente com a sua graça, segundo afirmação de Beda[91].

Essa graça dada na missão do Filho e do Espírito Santo tende a aumentar progresivamente seja de modo perceptível ou imperceptível[92]. Quando se diz perceptível se refere ao dar ou enviar o Filho ou o Espírito Santo; quando é imperceptível não se fala em envio. Quando se diz aumento da graça se considera segundo o crescimento quanto à graça interiormente dada e o seu uso; ou pela aplicação de novos usos ou então dons gratuitos. No primeiro não se fala em envio do Espírito Santo, não se acrescenta novo dom, mas se dá o aumento da substância do mesmo; no segundo se refere a aplicação de novos dons assim como aconteceu com os apóstolos em Pentecostes; ou ainda de novos usos[93]. Logo, falar em dar ou enviar o Espírito Santo não se refere ao aumento da graça, mas em relação aos novos e ao uso dos dons que são dados abundantemente, pensa o doutor seráfico.

No tempo da Lei da graça, maior é o conhecimento e o amor que no tempo da Lei escrita[94]. Dar plenamente se entende de dois modos: extensivo, quando o Espírito Santo é dado a todos os santos, não restrito a um povo. Quando se diz "intensivo", se refere quanto ao estado geral ou quanto a pessoas especiais. Quanto ao estado geral se refere ao Novo Testamento; quanto as pessoas especiais se fala no antigo Testamento. No Antigo Testamento houve alguns homens evangélicos como, por exemplo, Abraão; Moisés, Jó, Davi[95]. A estes de modo particular também foi concedido a graça do Espírito Santo.

O que é propriamente missão das Pessoas divinas? Como distinguir missão visível da missão invisível?

Missão é "aparição", afirma o doutor seráfico. De modo especial é manifestação da inabitação do Filho ou do Espírito na criatura. A missão visível é aparição na qual manifesta a emanação e a inabitação da Pessoa divina.

---

91 Ibid.
92 Ibid. (I 273 b).
93 Ibid.
94 I Sent. d. 15 p. 2 dub. 3 (I 274 b).
95 Ibid. (I 275 a).

Segundo o doutor franciscano, a missão visível é aparição que acontece em sinal exterior pelo qual se mostra a missão interior[96]. Pressupõe a manifestação da missão invisível. Por sua vez, dupla é a manifestação da inabitação do Filho: pela graça da união e pela graça da santificação[97]. Nesta manifestação exterior e visível está sempre presente o Espírito Santo.

Missão é aparição exterior[98]. Na missão invisível acontece manifestação invisível através de efeito invisível[99]. Por sua vez, na missão visível há manifestação visível através da criatura. Neste sentido, missão visível significa "aparecer"[100]. Por exemplo, o Espírito Santo apareceu sob a espécie de pomba na missão do Filho.

Missão significa manifestação da emanação[101]. O Espírito Santo inabita por efeito da graça inabitante. Deste modo, como regra geral missão significa manifestação da emanação e da inabitação. Portanto, missio visibilis segundo o seu principal significado é "manifestatio"[102]. Manifestação com aparição ou aparição manifestante da emanação da inabitação da pessoa ou emanação da Pessoa inabitante[103].

Esta aparição acontece de dois modos: ou em si, e assim convém corporalmente (é o caso da manifestação da segunda Pessoa); ou no outro de modo duplo: ou segundo a causa ou conforme o significado no sinal (manifestação do Espírito Santo). No terceiro modo, missão é aparição: e de acordo com este modo não convém a toda criatura[104].

Portanto, missão visível é aparição pela qual se manifesta a Pessoa não somente quanto a sua ação, mas não também como inabitante, e como emanante como que procedendo de outro[105]. Neste sentido, se exclui a aparição do Pai porque o mesmo não é enviado, mas envia. O Pai não aparece como que emanando ou procedendo de outro[106]. Missão é aparição exterior na criatura de alguma emanação ou inabitação. Essa

---

[96] Ibid. d. 16 (I 278a). *"...quod missio visibilis est apparitio facta in exteriori signo, per quod monstratur missio interior".*
[97] I Sent. d. 16 a. uni. q. 2 (I 282 b).
[98] Ibid. d. 16 a. un. q. 1 (I 278a).
[99] Ibid. (I 278 b).
[100] Ibid.
[101] Ibid. (I 279 a).
[102] Ibid. (I 279 a/b).
[103] Ibid.
[104] Ibid. d. 16 a. uni. q. 1 concl. n. 3 (I 279 b).
[105] Ibid. (I 279 b).
[106] Ibid.

manifestação não acontece por acaso, mas supõe revelação e, por conseguinte, conhecimento do significado dessa revelação divina[107].

Essa por sua vez, se dá por meio da fé. Enquanto peregrinos neste mundo conhecemos a Deus ou no efeito ou no sinal. Quando acontece segundo o efeito (effectus) se diz "missão invisível" porque se refere a graça que nos faz gratos e aceitáveis diante de Deus (gratia gratum faciens). Já segundo o sinal (signo) se refere a missão visível a qual se apresenta aos nossos sentidos[108]. Deste modo, há duplo modo de inabitação, duplo modo de envio e duplo modo de conhecimento[109].

Todo sinal conduz ao conhecimento interior; prepara a revelação e após esta revelação excita ao amor[110]. Pois, todo fenômeno que se mostra conduz a interpretação. Daí porque a missão visível do Espírito Santo foi útil para manifestar a plenitude da redundância[111]. Ora a inabitação tem dois significados: segundo a suficiência da santificação e segundo a plenitude da redundância[112]. A primeira se apresenta segundo missão interior e invisível. E na segunda, a inabitação deve se manifestar em sinal visível e exterior assim como aconteceu com os apóstolos[113].

A missão do Espírito Santo acontece de dois modos: "invisível e visível", pensa o doutor franciscano. A missão invisível acontece quando o Espírito Santo é enviado a nossos corações, produzindo no ser humano efeito da graça inabitante. Neste sentido, a principal diferença entre ambas está na "manifestação" (manifestatio) no tempo.

Por conseguinte, enquanto a missão visível do Filho aparece na criatura racional, a do Espírito Santo aparece nas várias criaturas irracionais[114]. O Filho aparece no ser humano sob a forma de servo (in forma servi), enquanto o Espírito Santo se mostra na figura da pomba, das línguas de fogo e do vento ou sopro[115].

Ao se manifestar na carne, o Filho aparece como "mediador" e o Espírito Santo nas criaturas irracionais como "doutor"[116]. Na função mediadora, o Filho une e reconcilia

---

[107] Ibid. q. 2 (I 280 a/b).
[108] Ibid. q. 3 (I 282 a/b).
[109] Ibid. (I 282 a)
[110] Ibid. (I 281 b).
[111] Ibid. concl. (I 281 a/b).
[112] Ibid. (I 281 b).
[113] Ibid.
[114] I Sent. d. 16 a. un. q. 3 a/b. (I 283a).
[115] Ibid.
[116] I Sent. d. 16 a. un. q. 3 concl. (I 283 b).

os extremos. Em relação a ignorância pensa o doutor seráfico em vista da instrução intervém o sinal (signum)[117]. Em relação à missão do Filho na encarnação, a mediação é necessária para que haja coincidência dos extremos e a realização da união em um. Daí porque o Filho aparece como unido à criatura na união hipostática[118]. Por sua vez, na função educadora, o Espírito Santo unido a várias criaturas irracionais aparece através de sinais para instruir ou ensinar.

O uso do signifcado puro convém a criatura irracional mais do que a racional. Aí não se acentua mais a união, mas somente o significado. O Espírito Santo aparece na criatura irracional porque de algum modo possui razão de significação e expressão. E para que haja mediação perfeita se requer que o mediador seja um e que a união seja inseparável. Logo, o Filho aparece de modo singular e indivisível[119].

Portanto, o Filho aparece em um só modo e em uma só criatura, enquanto a terceira Pessoa aparece em vários modos e em várias outras criaturas[120]. O Espírito Santo aparece nas criaturas enquanto significando no sinal (significatum in signo). Neste sentido, as criaturas são símbolos em razão da significação e da expressão pela ação do Espírito Santo[121]. A manifestação do Espírito Santo é significada através de várias (pluries) criaturas porque não aparece somente uma vez, mas várias vezes. O vento (flatus) significa espírito; o fogo (ignis), amor; a pomba, o dom por causa da fecundidade[122].

A missão do Filho que corresponde à doutrina da encarnação é descrita na quarta parte do Brevilóquio, enquanto a missão do Espírito Santo trata na quinta parte da mesma obra, ao se referir à graça e aos seus efeitos nas criaturas racionais ou espirituais. Trata-se, pois, da intervenção ad extra de Deus no tempo que são Boaventura explica como:

"unidade da natureza divina em suas múltiplas aparições"[123].

Segundo o doutor franciscano a missão do Filho está unida a missão do Espírito Santo. Ambas sempre acontecem juntas. Afirma:

---

[117] Ibid.
[118] Ibid.
[119] Ibid. (I 284 a).
[120] Ibid (I 283 a).
[121] Ibid. (I 284 a).
[122] Ibid.
[123] Brev. p. 1 c. 5, n. 1 (BAC I 319).

"Deus é sem limite, invisível e imutável. Todavia, ele habita especialmente nos homens santificados; apareceu aos patriarcas e aos profetas; desceu do céu; e enviou seu Filho e o seu Espírito Santo para salvar o gênero humano"[124].

Deus se dá a conhecer nos efeitos de sua ação criadora e também nos efeitos de suas aparições em vista da obra da salvação da humanidade. Por conseguinte, as missões exteriores são manifestações visíveis das "emanações" ou processões das pessoas divinas no tempo.

"Deus se revela salvando e salva se revelando"[125].

As missões divinas são atividade salvadora de Deus trino enquanto essa atividade é reveladora da distinção das pessoas divinas e, por conseguinte, de suas relações no seio da Trindade. Deus nos salva se revelando e se nos dá a conhecer em sua potencia, essência e presença na obra da salvação, mediante a totalidade dos efeitos que dele fluem[126]. Isso se observa quando consideramos a dinâmica de sua manifestação através do habitar, aparecer, descender ou descer, enviar e ser enviado, pontua o doutor franciscano[127].

Há uma distinção entre as pessoas divinas que corresponde às suas processões eternas. Daí a distinção boaventuriana entre as Pessoas que enviam ou são enviadas[128]. Tal missão é um efeito criado que corresponde à processão eterna das Pessoas. Igualmente, existe verdadeira analogia entre a distinção pessoal que conhecemos na missão de uma pessoa e a distinção pessoal que vem da processão eterna de uma pessoa de outra. Em outras palavras, a operação ad extra da Trindade é a mesma da Trindade imanente. O que a Trindade é na história é a mesma desde toda eternidade. Em sua ação salvifica no tempo se revela em seu ser e em seu agir tal qual é em suas relações intratrinitárias. No tempo também se reflete essa ordem de origem da Trindade.

Por que não se pode dizer conforme a linguagem da fé, que o Pai se envia ou que Cristo se envia a si mesmo ou o Espírito Santo[129]?

---

[124] Brev. p. 1 c. 5 n. 1 (BAC I 319-321).
[125] MATHIEU, Luc. in: *Introduction: La Doctrine Trinitaire de Saint Bonaventure. p.* 38.
[126] Ibid. (BAC I 321).
[127] Ibid.
[128] I Sent. d. 15 p. 1 a. uni. q. 4 (I 264-266).
[129] Brev. I c. 5 n. 5 (BAC I 223).

Segundo o doutor franciscano o Pai é origem e fonte da comunicação da divindade ao Filho e ao Espírito e também a origem de toda criação natural e sobrenatural, só se pode dizer que Ele envia e nunca é enviado. Ele envia o Filho e o Espírito Santo. Já que o Pai gera o Filho, Ele lhe envia em missão. Por sua vez, o Filho unido ao Pai em laços de mútua caridade, como único princípio espira o Espírito Santo e, por conseguinte, enviam o Espírito Santo.

Argumenta o doutor franciscano que em razão da autoridade, da subautoridade e da distinção se pode dizer que uma pessoa envia ou é enviada[130]. Deste modo, somente o Pai e o Filho podem enviar em missão. Por conseguinte, o Filho e o Espírito Santo são enviados. Por sua vez, o Espírito Santo procede eternamente e temporalmente do Pai e do Filho, é espirado e enviado às criaturas[131].

E, finalmente, o Espírito que procede do Pai e do Filho não é origem, mas fim da missão. O Espírito Santo não é origem na Trindade; nenhuma Pessoa dele procede. Então, ele finaliza as processões, consuma a caridade e a comunhão no seio da Trindade. Entretanto, ele só produz ou gera fecundamente no tempo. Ao ser enviado habita e é dado às criaturas racionais. Este habitar do Espírito Santo em nós significa um efeito espiritual com aceitação que segundo são Boaventura se trata do efeito da graça santificante ou deiforme[132]. Essa comunicação da graça é comum a todas as Pessoas divinas, declara. Daí porque juntamente com o Espírito Santo habitam em nós igualmente o Pai e o Filho[133].

5. A missão de Cristo segue a do Espírito Santo

Depois dessas considerações teológicas importantes, passamos à questão da missão conjunta na obra da salvação da segunda e da terceira Pessoa. Segundo são Boaventura de modo distinto, a ação de Cristo se dá juntamente com a ação do Espírito Santo. Cada Pessoa divina conforme a sua propriedade e missão agem conjuntamente, em "circumincessão", isto é, uma na outra, de forma dinâmica, visto que cada Pessoa está unida a outra de modo eterno e inefável[134].

---

[130] Ibid.
[131] In Ioan c. 16 n. 3 (VII 461).
[132] Ibid.
[133] Brev. p. 1 c. 5 n. 2 (BAC I 221).
[134] I Sent. d. 19 p. 1 a. un. q. 4 concl. (I 349); Hex. c. 21 n. 19 (BAC III 593-595); Itin. c. 6 n. 2 (BAC I 623). Cf. "Circumincessio", in: BOUGEROL, J. Guy. *Lexique Saint Bonaventura*, Paris: Ed. Franciscaines, 1969. p. 33-34.

Assim acontece, por exemplo, em nossa adoção filial[135]. O Pai nos adotou pelo Filho e pelo Espírito Santo. Pelo Filho de "modo inicial e incoativo" e, pelo Espírito Santo, de modo de "consumação". Pelo Filho se deu o início de nossa filiação divina e pelo Espírito Santo tal adoção é aperfeiçoada. Para a nossa adoção concorreu, ao mesmo tempo, a redenção operada pela missão do Filho e a "gratificação" que é feita pela missão do Espírito Santo.

O Pai pelo Filho e o Espírito Santo desceram até nós. Por conseguinte, Cristo nos redimiu, o Espírito Santo nos santificou. O Pai enviou o Filho que nos redime; e nos enviou o Espírito Santo com o qual, sendo servos nos adotou como filhos. O Filho mereceu o preço de nossa redenção, o Espírito Santo o privilégio da adoção. Cristo nos santificou em abundância de forma meritória, o Espírito Santo, por sua vez, de modo mais efetivo[136]. Através da Paixão de Cristo somos templo do Espírito Santo[137]. Igualmente, no mistério da Paixão, Cristo nos mereceu o envio do Espírito sem medida, em plenitude septiforme.

Por apropriação, o Espírito Santo é também chamado de "verdade", segundo o evangelho de João[138]. Porém, esse atributo também é referido às outras pessoas divinas porque indivisível é a ação da ssma. Trindade[139]. Declara ainda o doutor franciscano que a terceira Pessoa ao aparecer sob a figura de línguas nos instrui sobre a verdade. Neste sentido, Ele nos concede o dom da verdade ou da profecia que nos possibilita ou capacita para a evangelização e a catequese.

> *"... Cristo declara que ao enviar o Espírito Santo, os discípulos ensinarão toda verdade"* [140].

Segundo são Boaventura, o Espírito Santo "desce e aparece". Desce e inabita os corações dos fiéis e lhes concede a graça. O Espírito Santo aparece em forma de línguas de fogo, incendiando os corações com o ardor da caridade. Segundo a declaração de são Paulo[141]:

---

[135]III Sent. d. 10 a. 2 q. 3 (III 236 a/b). Cf. BERRESHEIM, H. p. 176-179.
[136] III Sent. d. 12 a. 2 q. 2 (III 265 b).
[137] De Nostra Redemptione. Sermo 2 (IX 728).
[138] Jo 16, 13.
[139] In Joan c. 14, n. 38/2 (VI 443).
[140] Cf. In Joan c. 1 c. 5 n. 4 (VI 542 a/b).
[141] *In specie ignis apparuit, quia ipse incendit in corde ardorem caritatis; "caritas enim diffusa est in cordibus nostris per Spiritum sanctum, qui datus est nobis", ad Romanos quinto.*

"A caridade foi difundida em nossos corações pelo Espírito Santo que nos foi dado[142]".

Em outro texto afirma:

"O Espírito Santo presente interiormente no coração é fogo, verdade na boca ou na palavra e na obra. Logo, aparece em espécie de fogo, de língua e de chamas ou de espírito[143]".

Segundo o doutor franciscano, assim como Cristo[144], o Espírito Santo vem como médico de toda experiência porque se refere ao cuidado com a vida corporal e espiritual, o qual este perito é médico que vivifica os mortos espiritualmente e corporalmente e cura toda doença sem necessidade de ferro e fogo, mas somente pela palavra e também segundo a sua vontade e beneplácito[145]. E de acordo com o livro do profeta Ezequiel[146], o doutor franciscano reza ao Espírito Santo[147]:

"Vem Espírito e sopra sobre estes feridos e os revivifica, a saber, da culpa da morte por atribuição da graça. E assim como o corpo é morto sem a alma, igualmente morta é a alma sem o Espírito Santo".

Afirma também o doutor serafico no mesmo trecho que o Espírito Santo é mestre de toda sabedoria e princípio fontal de toda ciência, especialmente cristã ou profética ou apostólica, compreendendo todas estas leis[148]. Neste sentido, o seu papel é educar na verdade de Cristo e da Trindade ao longo da história da salvação. Desde o princípio atuam conjuntamente, o Verbo e o Dom incriado.

Assim como Cristo é o médico que cura e mestre que ensina, igualmente o Espírito Santo. Portanto, a terceira Pessoa da Trindade é enviada como "dom" que purifica, cura, instrui e vivifica.

Ainda no âmbito da graça, ou seja, da obra da salvação, Cristo e o seu Espírito Santo exercem a função de hierarcas. Ambas as pessoas divinas são enviadas para reparar

---

142 Rm 5, 5.
143 In Joan c. 1 c. 5 n. 4 (VI 542 a/b).
144 Cristo é o sumo médico porque dele mana a graça da saúde. Cf. Brev. p. 1 c. 10 n. 5 (BAC I 433-435).
145 Sermo 1 de dom. 4 p. Pascha (IX 309b).
146 Ez. 37, 7 ss.
147 Ibid.
148 Ibid.

a ruína angélica e humana[149]. Cristo é o hierarca principal (hierarcha praecipuus)[150]. Era necessário então que nosso hierarca fosse generoso (hierarcha noster sit largifluus) em razão da grandeza da influência, ou seja, em virtude de sua largueza na continua doação de seus dons[151].

Por sua vez, o Espírito Santo é o sinal desse ato de generosidade abundante de Cristo, sumo hierarca. Ele nos concedeu o Espírito Santo outrora oculto em sua missão, mas que se tornou manifesto. O Espírito Santo desceu sobre nós para que pelos seus dons gratuitos nos fizesse novas criaturas.

Neste sentido, Cristo é chamado "pai dos tempos futuros" (pater futuri saeculi), porque Ele é o princípio das influências pelas quais somos vivificados e introduzidos no mundo futuro[152]. Este mundo futuro está ligado a função hierárquica de Cristo que doa o Espírito Santo, distribuindo os seus dons. O Espírito Santo é este dom por excelência, segundo o doutor franciscano. É o primeiro dom de Cristo dado como hierarca que purifica, ilumina e aperfeiçoa a hierarquia celeste e terrestre. Assim como no vendaval ele purifica, e aparecendo em línguas de fogo, ilumina e, ao descer sobre os fiéis, aperfeiçoa.

Do Espírito Santo mana ou flui os dons da graça: "*A hoc manant dona gratuita*"[153].

Ele mesmo é o dom da graça de Cristo doado com largueza e gratuidade. Igualmente, o Espírito Santo foi hierarca purificante, iluminante, aperfeiçoante porque desceu sobre as hierarquias, a celeste e a subceleste; a dos anjos e a da Igreja militante[154]. São Boaventura não deixa de acentuar a missão conjunta de Cristo com o Espírito Santo. Sempre agem juntos de modo indivisível nos concedendo os seus dons que também são dons do Pai das luzes[155]. Cristo e o seu Espírito são hierarcas que tem o propósito comum de comunicar continuamente estes dons sobre os membros do corpo místico para que haja ordem, beleza e unidade.

Além do mais, com o Espírito Santo, Cristo exerce também a autoridade de hierarca na ordem da graça. Ele mesmo tem esse poder de enviar o Espírito Santo para justificar e conceder dons aos seus súditos. Cristo e o seu Espírito Santo são a fonte de

---

[149] Hex. c. 3 n. 12 (BAC III 239).
[150] De Perf. ev. q. 4 a. 3 ad 15 (BAC VI 301).
[151] Hex. c. 3 n. 19 (BAC III 245).
[152] Ibid.
[153] Ibid.
[154] Hex. c. 3 n. 19 (BAC III 245).
[155] Ibid.

todos os dons gratuitos. Ele nos envia o Espírito Santo para nos hierarquizar através de seus dons[156].

Na encarnação, Cristo funda e, por conseguinte, o Espírito Santo continua a sua obra em nós edificando a sua Igreja. À missão do Filho segue a missão do Espírito Santo. A Igreja é aperfeiçoada pelo Espírito Santo. Deste modo, a terceira Pessoa da Trindade participa da fundação da Igreja iniciada em Cristo. Na atuação do Espírito que habita a Igreja está a dinâmica da vida e do crescimento dos membros do corpo místico de Cristo.

6. Cristo e o Espírito Santo fluem sentidos e movimentos

Em Cristo, Verbo encarnado, reside a plenitude da graça fontal ou radical ou ainda original[157], segundo são Boaventura. Ele é a fonte ou princípio de todo gênero de graças desde a sua concepção. Ele possui a graça em "sobreabundância", conforme testemunho do prólogo do evangelho de são João:

"Ele é o Verbo, cheio de graça e verdade". "E de sua plenitude todos nós recebemos graça sobre graça[158]".

E a razão da sobreabundância da graça na alma de Cristo em ordem a graça é influir sobre algum outro ou outros, isto é, sobre os membros da Comunidade e de toda Igreja. Por conseguinte, Cristo é cabeça da Igreja conforme imagem da carta aos Efésios[159]. Com efeito, dele flui sobre a Igreja, seu corpo místico, "sentidos e movimentos" (sensus et motus). Essa graça se chama segundo são Boaventura, "gratia capitis". A graça que flui de Cristo, cabeça da Igreja, sobre nós.

Por sua vez, essa influência "sensus et motus" é compartilhada pelo Espírito Santo por apropriação[160]. Segundo o doutor seráfico, Cristo e o Espírito Santo são "princípio" da graça. Enquanto Cristo é princípio "meritório", pois foi Ele que nos mereceu a graça, em sua Paixão, o Espírito Santo, por sua vez, é princípio que efetiva a graça nos membros da Igreja[161]. Assim, ele age invisivelmente, influindo e fluindo a graça de Cristo no corpo místico. Neste sentido, Cristo na obra da salvação não age sozinho, mas com o Espírito Santo. Deste modo, Sexta-feira Santa segue Pentecostes e Pentecostes acompanha a

---

[156] Ibid.
[157] Brev. p. 4 c. 5 n. 6 (BAC I 353).
[158] Jo 1, 14.16.
[159] Ef 1, 22; 5, 23; Col 1, 18.
[160] In Pent. Sermo 8 (IX, 338 a). Cf. III Sent. d. 13 a. 2 q. 2 in corp. (III, 287 a).
[161] III Sent. q. 3 (III 334 b). "... O Espírito Santo é o princípio efetivo principal do corpo de Cristo".

Sexta-feira santa. A missão do Espírito Santo está intimamente associada à missão de Cristo no tempo. Segundo afirma o doutor franciscano:

"Cristo veio em primeiro lugar como libertador dos homens e, em seguida, o Espírito Santo como beatificador"[162].

Ao falar do lugar do influxo da graça, são Boaventura considera o "meio" de onde flui a graça sobre todo o corpo místico. Cristo está no meio da Igreja. Por conseguinte, este lugar de Cristo está associado à imagem do "coração" (cor). Cristo é o meio ou o coração da Igreja explica o doutor seráfico[163]. Assim como o coração no corpo humano flui o sangue ou a vida pelas artérias, assim também Cristo, sendo coração da Igreja, especialmente em sua Paixão[164], no momento em que é aberto o seu lado pela lança, flui sentidos e movimentos sobre os membros do corpo místico.

Usando outra imagem ou metafora, o doutor franciscano em seu sermão sobre a epifania declara que a graça do Espírito Santo é a "estrela interior" que nos conduz a Cristo[165]. Segundo o livro do Apocalipse[166], esta é "estrela matutina" prometida pelo Senhor aos que vencerem e perseverarem até ao fim. A ação da graça tende a crescer na vida da Igreja e dos fiéis em particular. Esta graça do Espírito Santo se distingue em graça inicial, graça promovente e graça final. Mas é a graça final do Espírito Santo que nos conduz a Cristo nos introduzindo na eternidade.

Ao fluir a graça sobre os membros do corpo mistico, Cristo flui ao mesmo tempo sobre nós o Espírito Santo. Enquanto a ação do Espírito Santo se refere ao fluir interior da graça[167]; Cristo, Verbo encarnado, manifesta ação dessa graça de forma visível. Daí

---

[162] III Sent. d. 1 a. 2 q. 4 (III 31).

[163] Hex. c. 1 n. 19-20 (BAC III 191). São Boaventura de modo indireto, considerando contexto onde ele usa imagens, em paralelo ao mundo físico, procura explicar que o "meio" que está associado ao mundo maior (sistema solar) ou menor (corpo humano) é o coração. Este meio que é o coração, é o lugar da difusão. E assim como no corpo humano a função do coração é difundir o espírito vital pelas artérias, por sua vez no corpo místico, Cristo que é o meio ou o coração difunde o seu Espírito Santo sobre os membros da Igreja.

[164] Cf. Sermo I dom 3. Adv. (IX 57 b/58 a); Lign. Vit. n. 30. BUENAVENTURA. *Obras de San Buenaventura,* t. II, 3ª. ed., Madrid: BAC, 1967, p. 303-304. Onde o autor associa a imagem do coração ao mistério da Paixão como fonte da vida que confere aos sacramentos a vida da graça. O coração ou o meio de todo corpo, alcançando até mesmo a cabeça tem essa função de fluir a graça reparadora.

[165] Ephi. Sermo 2 (IX 151 a)

[166] Ap. 2, 26. 28.

[167] Parte digna quanto à virtude e operação é o coração, mas também é oculta e interior. IV Sent. d. 7 dub. 4 in resp. (IV 177 a). São Boaventura afirma que o coração é o membro principal do corpo místico, ou seja, a Igreja. "Cor membrum principalius", Hex. c. 22 n. 4 (BAC III 609). Ele é o membro mais nobre do corpo, existe no "meio", ou seja, está no centro e, por conseguinte, flui sentidos e movimentos (sensus et motus). I Sent d. 8 p. 2 a. unic. q. 3 in corp. (I 171 a).

porque o chamamos de "graça da cabeça" (gratia capitis), conclui o seráfico doutor. Enquanto a influência do Espírito Santo se dá segundo a "verdade", a de Cristo se dá segundo a "manifestação". Uma é interior, a outra exterior. Não são dois, mas um só principio da graça, cuja plenitude fontal se encontra no Pai eterno.

Chegamos então à conclusão que a imagem "coração" pode ser usada tanto para falar de Cristo como do Espírito Santo ou da ação de Cristo juntamente com o seu Espírito. Unido a Cristo, o Espírito Santo também influi ou flui sobre todo corpo místico a graça santificante e, por conseguinte, distribui dons, ofícios e carismas.

Ao falar da ação do Espírito Santo, são Boaventura emprega também a imagem bíblica de "rio de água viva" (fluvius aquae vivae)[168]. Baseando-se no livro do Apocalipse[169], o santo franciscano afirma que esse rio procede do trono do Cordeiro; ele simboliza o Espírito Santo que procede do Pai e do Filho, que são princípio vivificante.

A imagem "rio" significa continuidade, fecundidade, abundância, vida. Assim como o rio irriga o paraíso, também a Igreja é irrigada pelo influxo do Espírito Santo através dos sacramentos. A Igreja é esse paraíso continuamente irrigado pelo Espírito Santo. Segundo o doutor franciscano a infusão dessa água que nos é dada em Cristo, fonte da água viva, nunca falta à vida dos membros e está sempre a fluir abundantemente e continuamente na Igreja. Este rio de água viva é a plenitude da infusão da graça do Espírito Santo, cujo dinamismo vivifica e alegra a cidade de Deus, à qual todos os justos devem almejar[170].

São Boaventura usando essa imagem bíblica estabelece também relação entre Cristo e o seu Espírito. Enquanto Cristo, Verbo encarnado, é a "fonte" desse rio da água da vida, por sua vez, o Espírito Santo é o "rio da água viva". Ele atua a eficácia da graça, cujos efeitos produzem muitos frutos para a Igreja e para cada membro fiel. O Espírito Santo flui e, ao mesmo tempo, é o rio da água viva que vivifica o paraíso, ou seja, a Igreja. Em razão da presença e atuação do Espírito Santo há sempre na Igreja abundância e fecundidade da vida e da graça. Portanto, este paraíso irrigado se refere a Igreja ou a alma santa que é o lugar da abundância permanente por meio dos carismas das graças[171].

---

[168] Cf. In Pent. sermo 9 (IX 340 a).
[169] Ap. 22, 1.
[170] Sabbato Sancto. Sermo 2 (271 b-272 a).
[171] In Pent. sermo 3 (IX 335 a).

Segundo são Boaventura, a abundância atual do Espírito Santo é descrita como vivida, agradável, frutuosa, difusiva ou consumativa. A terceira Pessoa da ssma. Trindade é comparada a atual influência de um rio multiforme, orientada a fonte viva por causa da sinceridade da pureza renovada[172].

Esta água viva se refere ao Espírito Santo que em sua ação é suficientemente idôneo segundo a tríplice propriedade da água viva. Se fala em água viva porque abunda vivamente e continuamente flui, fecundando e frutificando. Nestes seus três modos se assemelham pela influência ou comunicação dos dons gratuitos. E por isso, o nome rio da água viva do Espírito Santo se entende que é dado pela semelhança de metáfora. Este rio de água viva que comunica a abundância dos dons gratuitos é ótimo e perfeito e procede do seio da ssma. Trindade[173]. Com efeito, o doutor franciscano sempre compreende a comunicação da graça do Espírito Santo trinitariamente.

Em sua exegese do evangelho segundo João, o doutor seráfico se baseando na opinião de são João Crisóstomo declara que o rio do Espírito Santo que procede do Pai e do Filho se refere aos seus dons e graças[174]. A graça e os dons fluem deste rio divino continuamente sem interrupção a semelhança da torrente de fonte natural. Essa graça perenemente flui e reflui; flui de Deus e faz com que o ser humano reflua a Deus, segundo a propriedade da água que no fluxo da corrente tanto ascende como descende[175].

Fundamentando-se na primeira carta de são Paulo aos Corintios[176], o doutor seráfico associa a missão do Espírito Santo à distribuição de dons e graças na Igreja em vista de seu crescimento espiritual. A função da terceira Pessoa da ssma. Trindade no tempo é doar a graça de modo que a Igreja seja adornada e enriquecida com muitos dons. Neste sentido, segundo o doutor franciscano, o Espírito Santo é a fonte e a origem de toda graça.

Portanto, assim como o Pai e o Filho, o Espírito Santo também é “princípio” fecundo na comunicação da graça ad extra. Tal é a função própria do Espírito Santo. Há verdadeira divisões da graça que de modo perfeito procedem do mesmo e único Espírito, seguido dos inúmeros dons e graças. Estas são operadas por um só Espírito, concedendo

---

[172] In Pent. sermo 3 (IX 335).
[173] In Pent. sermo 8 (IX 339 b).
[174] In Joan c. VII n. 56 (VI 350 a).
[175] Ibid.
[176] 1 Cor 12, 4-11.

a cada membro conforme deseja. O Espírito Santo distribui todo bem segundo nosso mérito e conforme a sua complacência[177].

Na parte cinco de sua obra Brevilóquio expõe as ramificações e divisões da graça, as virtudes, os dons, os hábitos, as bem-aventuranças como resultado da graça do Espírito Santo[178]. Em sua missão ad extra, o Espírito Santo concede a sua graça que se multiplica e se ramifica nos membros da Igreja em vista de sua santificação e crescimento espiritual.

Ele é a fonte de onde fluem rios diversos, distintos e múltiplos. Segundo o doutor seráfico, única é a fonte que se multiplica "sem defeito"[179]. Assim de uma mesma fonte eterna, de um paraíso, de um mesmo Espírito Santo fluem diversos rios da graça, de dons e bem-aventuranças[180].

Por conseguinte, essa graça em sua redundância ou abundância que procede da ação de Cristo e do seu Espírito se manifestou na história de forma visivel e exterior no aconteicmento de Pentecostes, fruto da Paixão do Senhor.

7. A manifestação da plenitude da redundância em Pentecostes

De que modo e quando aconteceu e qual o alcance para Igreja a manifestação redundante do Espírito Santo em sua missão visível após a páscoa?

Segundo o doutor franciscano o Espírito Santo habita a Igreja, corpo místico de Cristo. Essa inabitação na Igreja não somente foi abundante, mas também necessária e exigente para a suficiência da reparação do gênero humano.

"... Por fim, enviando o Espírito Santo para edificar a Jerusalém da terra. Fato que por necessidade não só foi consequência, mas também exigência da suficiência da reparação do gênero humano"[181].

A descida do Espírito Santo foi um acontecimento marcante e decisivo na vida da Igreja que repercutiu para o mundo. Tal fato aconteceu na "plenitude dos tempos", após a ascensão do Senhor, dez dias depois. Pentecostes constitui segundo o doutor

---

[177] Dominica 5 post pascha sermo 1 (IX 310 b).
[178] Brev. p. 5 c. 4-6. (BAC I 391-410).
[179] *"Sem defeito mana este rio, o Espírito Santo"*. Ibid. (IX 310 b); cf. também Hex. c. 1 n. 38 (BAC III 201).
[180] Ibid.
[181] Ibid. 373.

franciscano, juntamente com a ressurreição e ascensão, frutos ou efeitos da Paixão meritória de Cristo[182], momento decisivo na congregação da Igreja e na salvação da humanidade[183].

Este acontecimento histórico e salvífico da Paixão não constitui momento isolado, mas faz parte do todo na unidade do mistério da salvação pelo qual Deus planejou e efetuou através do envio do seu Filho e do Espírito Santo. Logo, encarnação, paixão, ressurreição, ascensão e pentecostes constituem um todo salvifico, desejado por Deus, não podendo ser considerados como momentos estanques.

Segundo são Boaventura na Paixão, Cristo ressuscitou. E em virtude da ressurreição nos é dada a fé pela qual cremos que Cristo é verdadeiro Deus e verdadeiro homem, nos dignou redimir por sua morte e pode nos restituir a vida[184]. Na ascensão nos é dada esperança da glória do céu[185], e em Pentecostes, a caridade do Espirito Santo[186]. Com efeito, na obra da encarnação que alcançou o seu ponto mais alto na Paixão nos é dado juntamente com a nossa redenção as virtudes teologais (fé, esperança e caridade). E assim em Cristo no mistério de sua Paixão nos é concedido de modo perfeito, suficientissimo e eficaz o remédio de nossa salvação[187].

Em sua condescendência, Cristo nos enviou o Espírito Santo para consumar a sua obra de salvação, congregando e edificando a sua Igreja. Com efeito, sem o Espírito Santo não há continuidade da obra de Cristo e muito menos redenção humana. Daí o lugar fundamental do Espírito na soteriologia e na eclesiologia.

Com a sua descida sobre os apóstolos e sobre a Igreja, o Espírito Santo habita interiormente em seus membros e, por conseguinte, opera a santificação pessoal e comunitária do corpo eclesial. De modo interior e invisível, o Espírito mora em cada fiel para conformá-los à perfeição da imagem de Cristo e incluí-los na vida e comunhão da Trindade. Porém, essa manifestação não foi só pessoal, mas comunitária e que exigiu sinal externo.

---

182 Brev. p. 4 c. 10 n. 1 (BAC I 371)
183 Brev. p. 4 c. 10 n. 1 n. 2 (373).
184 Brev. p. 4 c. 10 n. 2 (BAC I 373).
185 Ibid. n. 3.
186 Ibid.
187 Ibid. n. 2.

Segundo são Boaventura útil foi a "missio visibilis" (missão visível) para a manifestação da plenitude da redundância da graça de Cristo sobre todo o mundo[188]. Na "missio visibilis" se dá a manifestação da inabitação do Espírito Santo. Tal inabitação deve se manifestar em sinal visível e exterior assim como aconteceu com os apóstolos. Daí porque se revelou a "plenitude da redundância"[189]. Com efeito, são Boaventura ressalta essa manifestação visível do Espírito Santo de forma "abundante"[190].

Ele manifestou e ainda manifesta a abundância da graça de Cristo que nos foi dada na Paixão, momento culminante do mistério da encarnação, que operou a obra da redenção. Tal redundância que manifesta a graça ao mundo sucede de modo gradual e progressivo até chegar ao acontecimento de Pentecostes. Ele fala que essa manifestação aconteceu antes da Paixão, após a Ressurreição e após a Ascensão. Estes três momentos resultaram em distinta manifestação do Espírito Santo.

Com efeito, a Igreja foi dada a plenitude da redundância em Pentecostes. Portanto, o que significou essa plenitude da redundância para a Igreja? De que modo o Espírito Santo operou na Igreja essa graça redundante de Cristo?

O Espírito Santo segundo o doutor seráfico age no tempo da salvação não só de modo invisível, mas visível e sacramental. Explica são Boaventura que o Espírito Santo nos foi dado em três modos de manifestação e, por conseguinte, foi dado em abundância ao se manifestar e se tornar visível no tempo. Entretanto, após a ascensão de Cristo o Espírito se manifestou muito mais como sinal visível e audível e mais abundantemente[191].

---

[188] I Sent. d. 16 art. uni. q. 2 concl. (I 281b).

[189] *"O Espírito Santo apareceu na manifestação da plenitude da redundância... Em seguida essa plenitude acontece na redenção; portanto, foi em Cristo... no qual apareceu em figura de pomba (columba)... Depois, aconteceu pela influência vital quanto aos sentidos e movimentos e isto pela mediação dos sacramentos. Esta plenitude está nos sacerdotes (sacerdotio); e, portanto, foi dado o Espírito Santo em modo de sopro (flatus), Jo 20, 22s: 'Ele soprou neles e disse: recebei o Espírito Santo; a quem perdoastes os pecados, etc. Por conseguinte, terceiro modo se dá pela administração do conhecimento ou doutrina. E esta plenitude está nos apóstolos e doutores. E, portanto, o Espírito Santo apareceu em línguas de fogo (linguis igneis)".* I Sent. d. 16 a. unic. q. 3 ad 6 (I, 284 b).

[190] Para essa questão cf. BEHHESHEIM, H. *Christus als Haupt der Kirche nach dem heiligen Bonaventura*, 1983, Antiquariat Th. Stenderhoff, Münster, p. 183-187. Buscamos seguir raciocínio deste autor.

[191] *"O Espírito Santo foi dado em três modos: em modo manifesto; em modo mais manifesto; em modo manifestíssimo. Manifestou-se nos profetas e nos obreiros de milagres antes da paixão; foi mais manifesto quando veio com o sopro após a ressurreição, enquanto foi dado com um sinal visível; mas foi manifestíssimo após a ascensão porque com sinal visível e audível pelo qual foi dado não só mais manifestadamente, mas também mais abundantemente... Assim dizendo, não havia dado ainda, se entende quanto a evidência e abundância"*. In Joan c. VII n. 57.2, in: BOAVENTURA, *Opere di San Boanventura, Commento al Vangelo di San Giovanni/1*, Ed. Latino-italiana, Roma: Città Nuova, 1991, p. 371.

Essa plenitude se manifestou visivelmente sobre os apóstolos e sobre a Igreja através do exercício do ministério da pregação e dos sacramentos. Entretanto, São Boaventura delimita no tempo os momentos dessa efusão do Espírito Santo. Há progressvidade na revelação da redundância em Pentecostes, visto que antes mesmo deste acontecimento os apóstolos possuíam o Espírito[192].

Os sinais do Espírito Santo expressam sua "visibilidade" e "abundância" através dos efeitos da graça. Em Pentecostes, o Espírito Santo desce visivelmente sobre os Apóstolos em figura de "línguas de fogo". Porém, não foi pela primeira vez que o Espírito se manifestou visivelmente. Outrora no batismo de Jesus, ele se mostrou em figura de "pomba", manifestando assim a obra da redenção.

Declara o doutor franicscano que ao aparecer, a redundância da manifestação do Espírito Santo aconteceu de três modos: na plenitude da redenção que aconteceu em Cristo, se tornando graça perfeita para todos os outros modos. O Espírito apareceu sob a fugura de "pomba" (columba), simbolizando o preço do resgate do primogênito redentor, alem de ser animal integro e perfeito. Também a plenitude pela influência vital que considera os sentidos e movimentos mediante os sacramentos. Esta plenitude se encontra nos sacerdotes. Daí porque o Espírito Santo é dado sob a espécie de "sopro" (flatus), segundo o evangelho de João[193]. Cristo ressuscitado lhe conferiou o ministério soprando sobre eles e lhes comunicando o dom do Espírito Santo.

E, por fim, fala da plenitude pela administração ou serviço da doutrina. Trata-se da proclamação da Palavra. Neste sentido, o Espírito Santo se manifestou em "línguas de fogo" (linguis ignis)[194]. São três momentos fortes da manifestação da missão invisível do Espírito Santo que se dá não no período da lei da Escritura, mas da lei da graça.

Com efeito, aquilo que aconteceu em Jesus, aconteceu também nos apóstolos que, por conseguinte, acontecerá na Igreja. Não bastou somente possuir interiormente o Espírito Santo, mas igualmente a "plenitude da redundância" que se revelou exterior e

---

[192] *"Do Espírito Santo se diz receber ou dar não em razão da essência, mas do efeito. Portanto, os discípulos possuíam o Espírito Santo antes da paixão, mas para operação de sua salvação...; possuíam após a paixão antes da ascensão para a remissão dos pecados; possuíam depois da ascensão para a divulgação da fé. Então, foram confirmados e desceu o Espírito Santo em línguas de fogo".* In Joan c. 20 n. 50, in: BOAVENTURA, *Opere di San Boanventura, Commento al Vangelo di San Giovanni/2*, Ed. Latino-italiana, Roma: Città Nuova, 1991, p. 359.

[193] Jo 20, 22 e 23.

[194] I Sent. d. 16 a. un. q. 3 concl. (I 284 b).

visivelmente por meio da ação de Cristo no dia de Pentecostes ao enviar o seu Espírito Santo. A Escritura usa alegorias para elucidar este modo de manifestação da plenitude da graça do Espírito Santo ao falar em "linguas de fogo" e "sopro" (insufflatio) do Ressuscitado sobre os apóstolos, indicando respectivamente, relação com a Palavra, habilitando ao ensino da doutrina da fé e à administração dos sacramentos. Deste modo, interpreta o doutor seráfico o significado de Pentecostes descritos nos evangelhos de Lucas e de João.

"A descida do Espírito Santo na figura de línguas de fogo manifesta a doutrina dos apóstolos (e da Igreja). Assim se pode dizer também que a redundância em relação aos sacramentos é compartilhada. Os apóstolos possuem também a redundância em relação aos sacramentos. Tal realidade se manifesta não expressamente em relação ao envio do Espírito Santo no dia de Pentecostes, mas com a "insufflatio" por meio de Cristo. Com efeito, há também em relação a línguas de fogo no dia de pentecostes referencia a redundância sacramental. Pois "ignis" significa amor e dilectio"[195].

Essa visibilidade da abundância da graça no mundo continuando a obra da salvação em Cristo aconteceu através da Comunidade da Igreja. A Igreja, de certo modo, de antemão vivia no "ocultamento" e estava revestida para a vida visível. No entanto, em Pentecostes mostrou-se publicamente a consciência de sua responsabilidade para a redundância. Em outras palavras, a Igreja se manifestou visivelmente em sua missão ao mundo.

Tal plenitude da redundância aconteceu de tal modo que a oferta da graça em Cristo mediante o envio do Espírito resultou "maius munus" e conduziu a "ampliores efectus", isto é, em maior serviço da parte dos ministros e que, por conseguinte, ampliou consideravelmente os efeitos da graça[196]. Neste sentido, visivelmente a Igreja é enriquecida de muitos meios em vista de sua missão e salvação da humanidade.

Essa doutrina da redundância já se encontrava na teologia de Alexandre de Hales, mestre de são Boaventura, na universidade de Paris, que nos ajuda a compreender a visão doutrinal do doutor seráfico[197]. Segundo Alexandre essa plenitude da graça estava em Cristo e de certo modo nos apóstolos. Uma breve descrição de sua doutrina pode facilitar

---

[195] BERRESHEIM, Heinrich. Cf. nota de rodapé n. 116, p. 186.
[196]BERRESHEIM, H. p. 184.
[197] Cf. HALES, Alexandre. S. TH. I n. 515 (I 738-740), obra citada por BERRESHEIM, Heinrich. p. 184 ss.

a compreensão do pensamento de são Boaventura. Para Alexandre de Hales a missão visível indica a inabitação da graça que se define pela plenitude da graça de forma transbordante.

Cristo tinha a *influentia plenitudinis* per *modum causae* (meritória e efetiva) nos sacramentos e a *influentia plenitudinis per modum doctrinae* por meio do serviço da pregação. Em seu batismo se inicia a plenitudo influentiae sob outro abundamento.

Por sua vez, a plenitude da graça dos apóstolos deriva da plenitudo Christi que foi também uma plenitudo influentia: per modum doctrine (pregação) e per modum ministerii (sacramentos).

Essa manifestação visível na missão do Espírito se dá em primeiro lugar após a ressurreição quando o Ressuscitado "sopra" sobre os apóstolos o Espírito Santo. Dá-se então a mediação da graça para o "ministério" sacramental. Com efeito, enquanto essa mediação para o ministério se dá pelo sopro[198], para o connhecimento da fé se dá pelas línguas de fogo em Pentecostes.

Deste modo, não somente em Cristo a plenitudo influentiae, ou seja, a plenitude da influência se manifesta pela aparição do Espírito, mas também mediante aqueles que receberam o ministério como visibilização da plenitude da graça de Cristo.

O pensamento da tríplice manifestação do Espírito Santo, em Cristo na figura da "pomba" e nos apóstolos no "sopro" – com referência aos sacramentos – e "línguas de fogo" (linguis igneis) – com relação ao anúncio da Palavra também se encontra em são Boaventura.

Neste sentido, os apóstolos receberam de Cristo, mediante o envio do Espírito em Pentecostes, essa plenitude da redundância da graça a ser comunicada enquanto continuidade da influentia Christi (influência de Cristo) no exercício do ministério sacramental e na pregação da Palavra. Com efeito, essa redundância da graça que possui Cristo como cabeça da Igreja e que nos foi dada no mistério da encarnação nos é comunicada na missão do Espírito Santo através dos apóstolos e posteriormente pelos ministros da Igreja.

---

[198] Jo 20, 22.

O Espírito Santo em Pentecostes foi dado para santificar mediante os sacramentos que são exercidos pelos ministros e também de pregar como função exercida de modo especial pelos doutores e apóstolos. Nessa afirmação se resume o significado teológico da plenitude da redundância segundo são Boaventura. No exercício desses ministérios se manifesta através de sinais visíveis o Espírito Santo. Porque quando enviado conhecemos o Espírito Santo em seus efeitos manifestos em nós, e não por sua essência[199]. Porque não basta a ação interior do Espírito, mas também a sua manifestação e visibilização no mundo. Daí a relevância da Igreja como mediação de salvação.

Trata-se, pois, de um novo "usus" (uso) dessa palavra e conceito da graça que indica continuação e mediação da doutrina através dos apóstolos. Por conseguinte, o envio do Espírito Santo em Pentecostes torna-se manifestação visível da Igreja pela pregação e implicitamente pelos sacramentos.

Insinua-se então que a doutrina da redundância especialmente pensada aparece o Espírito Santo em figura de línguas. Pois o modus (modo) da aparição orienta-se segundo o fim. Como, por exemplo, na inabitação do Espírito Santo se indica a transmissão do poder sacerdotal através do "sopro" (flatus). E através das "línguas" significa que pela ação do Espírito Santo os apóstolos são chamados a pregar adequadamente para anunciar a verdade da fé. Por conseguinte, ele confirma os apóstolos em sua tarefa de ensinar Cristo para todos. Neste sentido, se cumpre também a segunda exigência, quer dizer, que pela aparição visível, o Espírito Santo por meio da inabitação está na Igreja.

Essa redundância é comunicação da graça, existe em Cristo, no mistério de sua encarnação, em ordem a graça. Nessa comunicação se dá a ação do Espírito como influência de sentidos e movimentos. Com efeito, tanto pela redundância da doutrina como pelos sacramentos no exercício ministerial é dada essa influentia sensus et motus (sentidos e movimentos). Essa influência é ação de Deus que afeta o homem em sua totalidade através da percepção dos sentidos. Trata-se da comunicação da graça em união com a virtude da caridade[200].

---

[199] In Ioan c. 14 n. 36 (VI 443 a).

[200] *"A caridade é, pois, 'motus in spiritualibus'. Sensus et motus não só são infundidos por meio da 'doutrina', mas também através dos sacramentos pelos quais o sacerdote exerce a influentia. Por conseguinte, pode significar ainda a influentia motus per sacramenta através das línguas de fogo, ao menos implícita. Um paralelo semelhante inclui o ensino e a função sacerdotal na ordem do batismo: 'ensinar e batizar...'".* BERRESHEIM, Heinrich. Cf. nota de rodapé n. 116, p. 186.

8. O Espírito Santo incorpora e faz crescer a Igreja

A relevância da manifestação redundante do Espírito Santo no dia de Pentecostes não se esgota no ministério da pregação nem nos sacramentos visto que há relação estreita e profunda com a "fundação" da Igreja. O Espírito Santo age na edificação Igreja. Ele a santifica, a congrega e a ordena. A atuação do Espírito na Igreja é viva e dinâmica de modo a afetar cada membro bem como a totalidade do corpo místico.

Segundo o doutor franciscano, a Igreja não somente é fundada, mas continua em crescimento no tempo pela ação do Espírito Santo. Fundada por Cristo, mediante a fé e os sacramentos da fé, a Igreja é o lugar da atuação do Espírito segundo a redundância de sua graça. Com a missão de Cristo tem início o crescimento da Igreja e, por conseguinte, com o Espírito Santo encontra o seu aperfeiçoamento.

8.1. O Espírito Santo santifica a Igreja

Segundo são Boaventura, sendo princípio santificante, o Espírito Santo santifica a Igreja[201]. Já que a Igreja é a esposa de Cristo então de forma adequada deve possuir o Espírito de seu esposo. O que Cristo iniciou, aperfeiçoou o Espírito Santo. Visto que o Espírito Santo habita na esposa de Cristo, ele a santifica, a renova ou a recria. Continuamente imbuído do amor e da misericórdia divina, o Espírito Santo está sempre descendo, santificando e adornado a Comunidade eclesial para que se apresente sem mancha, santa e adornada para o encontro e a comunhão com o seu esposo.

E assim como o seu esposo é santo, ela também deve ser santificada pelo Espírito Santo, apresentando-se ao seu lado como esposa santa. A santificação da Igreja mediante o Espírito Santo se dá desde a concepção da Virgem Maria. O Espírito Santo que santificou a Maria de corpo e alma, purificando-a do pecado original e a presenrvando de todo pecado atual, igulamente continua no tempo a santificar a Igreja, fecundando a sua relação esponsal com Cristo.

O Espírito Santo inabita toda Igreja, lhe concedendo sempre a graça santificante. Tal presença permanente que prurifica, abrasa, ilumina e aperfeiçoa, lhe configura a imagem de Cristo, homem novo, refazendo sempre a beleza da Igreja e da alma santa, preparandoas para celebração das bodas na Eucaristia. A terceira Pessoa está presente

---

[201] Cf. BERRESHEIM, H. p. 187-189. Cf. Fest Omn. Sanct. (IX 599); cf. também (IX 65 a).

plenamente tanto na totalidade do corpo como em cada um de seus membros. Isto porque o seu esposo Cristo lhe concedeu o Espírito Santo. A presença da terceira Pessoa faz da Igreja realidade fecunda. Assim como Maria cheia de graça concebeu, também a Igreja pela presença do Espírito continua a conceber no sacramento do batismo porque cheia de graça. Do mesmo modo que Cristo desceu à carne da humandade, por sua vez, o Espírito desceu à Igreja para santificá-la.

Mediante o Espírito Santo a dinâmica da encarnação continua na Igreja. Segundo o doutor seráfico, Cristo desceu à carne da humanidade, igualmente o Espírito Santo em sua missão ad extra continua a descer à Igreja e ao coração dos fiéis para santificá-los mediante as virtudes, os sacramentos e no serviço da graça da parte dos ministros. Neste sentido, o Espírito Santo continua a obra da salvação no tempo de modo visível e abundante.

Segundo o doutor franciscano, o símbolo apostólico apresenta o papel do Espírito Santo como agente transcendete santificador e, por conseguinte, a Igreja como lugar da santidade. Segundo o doutor franciscano, na profissão de fé da Igreja, mediante o símbolo apostólico, estão lado a lado o Espírito Santo e a Igreja no conhecimento da fé. Quando se professa:

"Credo... in Spiritum sanctum, sanctam Ecclesia catholicam"[202].

Neste sentido, significa que: creio no Espírito Santo que santifica a Igreja universal[203]. Através dessa santificação, a Igreja se torna a comunidade dos santos, na qual se encontra sempre o Espírito Santo. Por outro lado, ela é também pecadora porque constituída de membros pecadores. Por isso deve continuamente se santificar pelo sacramento da penitência. Por conseguinte, após o artigo do Espírito Santo sobre o conhecimento da fé e da santa Igreja católica segue aqueles outros que rezam a santificação pela absolvição dos pecados. E segundo sto. Agostinho é próprio do Espírito Santo a remissão dos pecados[204].

[202] III Sent. d. 25 a. 1 q. 1 concl. (III 535 b). CBONAVENTURAE, *OPERA OMNIA. Commentaria in Quatuor Libros Sententiarium Magistri Petri Lombardi,* t. III, Florença: Ad Claras Aquas (Quaracchi), Ex Typografhia Colleggi S. Bonaventurae, 1887.
[203] *"Credo in Spiritum sanctum, sanctificantem universalem Ecclesiam".* Ibid. BERRESHEIM, Heinrich. p. 188-189.
[204] III Sent. d. 37 c. 3 (III 810).

8.2. O Espírito Santo congrega e une a Igreja

Outra função ressaltada é aquela de "congregar" ou "unir"[205]. O Espírito Santo "une" os membros da Igreja. De acordo com o doutor seráfico:

"O Espírito Santo é dado para unir e congregar os membros no corpo místico. Porém, os membros do corpo místico são unidos reciprocamente, segundo o que o próprio Senhor pede no evangelho de João: para que sejam aperfeiçoados em um. Porém, a união perfeita está somente na unidade simples. Portanto, os membros são unidos por algúem que é uno e o mesmo em todos. Assim sendo, este não pode ser um dom criado, mas incriado: logo, é necessário conceder o dom incriado juntamente com o criado"[206].

A terceira Pessoa da ssma. Trindade habita pessoalmente e afeta cada um dos membros do corpo místico. Não somente concede os seus dons, mas também se faz presente e atuante na Igreja. Logo, possuindo uma mesma e única essência e inabitando numa multidão realiza uma "unidade perfeita". Segundo são Boaventura, trata-se de unidade orgânica. Neste sentido, a terceira Pessoa se faz presente pessoalmente à cabeça, Cristo; está no corpo místico e em cada fiel em particular[207]. Essa presença e atuação pessoal confere a Comunidade ecclesial unidade e comunhão. Logo, imprime o modo recriador de sua Pessoa, ou seja, consumar tudo e todos em unidade plena. E, em última análise, nos concede a paz porque esta é a meta da integração e unidade da Igreja.

Além do mais, o dom da graça que nos é dada por este dom incriado realiza a última etapa da incorporação dos membros ao corpo místico. Tal incorporação que tem início em Cristo, pela fé e caridade, se consuma pela ação do Espírito Santo.

Essa atuação da graça pelo Espírito Santo se dá de dois modos: "gratum faciens" e "gratis data". No primeiro, o Espírito Santo opera em nós pessoalmente em razão de nossa justificação. Tal ação é continuada na existência do homem[208]. A graça gratum faciens atua a incorporação de um novo membro. A graça opera crescimento interior através dos dons e virtudes. Esta não se multiplica exteriormente, mas cresce

[205] Cf. BERRESHEIM, Heinrich. p. 189-190.
[206] I Sent. d. 14 a. 2 q. 1 f. 4 (I 249 a).
[207] Dominica 20 Post Pentecosten. sermo 2 (IX 433 b). *"Mas cheios (apóstolos) do Espírito Santo que é uno e também multiforme em operação, excelentemente habita na cabeça de Cristo, abundante no coração ou no corpo místico e conforme medida de cada um em qualquer homem justo".*
[208] IV Sent. d. 7 a. 1 q. 3 ad 2 (IV 168). BONAVENTURAE, *OPERA OMNIA. Commentaria in Quatuor Libros Sententiarium Magistri Petri Lombardi,* t. IV, Florença: Ad Claras Aquas (Quaracchi), Ex Typografhia Colleggi S. Bonaventurae, 1889.

interiormente. Por sua vez, a graça gratis data se exterioriza no tempo e se multiplica visto que nos é dado carismas. Enquanto o primeiro modo da graça é "intensivo", o segundo é "extensivo" e "multiplicativo". O primeiro diz respeito a missão invisível do Espírito Santo; o segundo se refere a sua missão visível (missio visibilis).

Para que haja perfeita unidade na Igreja segundo o doutor seráfico é ncessário que haja "caridade". Os dons procedem do Espírito Santo e com o Espírito Santo e nunca sem ele, especialmente a caridade[209]. Então, que relação há entre Espírito Santo e caridade e qual o seu significado eclesiológico?

8.3. O Espírito Santo e a virtude da caridade.

Na obra de santificação o Espírito Santo comunica à Igreja a caridade que é a virtude que realiza a unidade interior dos membros do corpo místico. O próprio Espírito Santo é chamado de "caridade". Ele é na verdade a caridade incriada. Afirma o doutor franciscano:

"...Spiritus sanctus est summa caritas..."[210].

Segundo o doutor seráfico, o Espírito Santo é "principio efetivo", ou seja, principio e causa de dons especialmente da caridade. O Espírito Santo é a suma caridade porque o mesmo é a caridade liberalmente dada, derramada em nossos corações segundo a carta de são Paulo aos romanos[211]. Difundido em nossos corações de forma profunda, o Espírito Santo dilata o afeto e move a alma humana dos fiéis ao amor recíproco. Com efeito, o Espírito Santo tem a função de dilatar os corações dos fiéis para o amor em comunidade. Afirma o doutor franciscano que a graça ou a graça do Espírito Santo é instrumento que move o livre arbítrio[212]. Deste modo, a vontade coopera com a graça.

O Espirito Santo é amor ou caridade pelo qual amamos a Deus e ao próximo. É o principio criador do amor fraterno. Este Espírito que está em nós faz com que amemos a Deus e ao próximo. Sem a sua presença e atuação não há verdadeiro amor fraterno e recíproco[213]. A caridade é movimento (caritas motus) ou afeição da alma (affectio mentis)

---

[209] In Joan c. 20 n. 53 (VI 515 b). *BONAVENTURAE, OPERA OMNIA. Commentarii in Sacra Scripturam*, t. VI. Florença: Ad Claras Aquas (Quaracchi), Ex Typografhia Colleggi S. Bonaventurae, 1893.
[210] Pent. Sermo 1 (IX 331 a).
[211] Rm 5, 5.
[212] II Sent. d. 26 a. unic. q. 6 (II 646).
[213] I Sent. d. 17 p. 1 c. 1 (I 287).

porque move e afeta a alma ao amor de Deus. Portanto, o Espírito Santo habitando a alma humana a move e a afeta, suscitando-lhe a fé, a esperança e a caridade. O doutor franciscano pensa que o amor ou caridade não é algo passivo, mas ativo, criativo e dinâmico[214]. A moção da virtude que opera a caridade é o Espírito Santo, declara.

Enquanto membros de um só corpo, nós nos amamos e nos ajudamos mutuamente. A inabitação do Espírito Santo no seio da Igreja e em cada fiel realiza a solidariedade reciproca dos membros entre si no corpo místico. O vínculo que une a todos em "unidade" é a caridade e a graça que procedem do Espírito Santo.

Com efeito, essa graça do Espírito Santo que nos santifica, igualmente nos une e aperfeiçoa em nós esse vínculo de unidade. Assim como o Espírito Santo no seio da Trindade é o nexo ou laço de amor do Pai e do Filho assim também na Igreja em sua manifestação visível. Ele nos concede o dom da caridade. Essa virtude interior é o "vínculo" de unidade entre os fiéis; a força que atrai uns aos outros e que conserva o nexo da unidade. A caridade é a virtude formadora da Comunidade. Tal é o papel do Espírito Santo na Igreja unir e realizar a comunhão interna nos concedendo caridade e atuando na caridade.

Segundo o doutor seráfico,

"... o Espírito Santo que é a caridade e se possui pela caridade é a origem de todos os carismas em toda a sua plenitude, os derramou em sua Vinda, para assim aperfeiçoar o corpo místico de Cristo..." [215].

A caridade segundo o doutor seráfico não manifesta a graça somente na unidade simples e perfeita dos membros, mas na variedade ou multiplicidade das diferenças, isto é, de carismas e ofícios:

"E porque se trata de um corpo perfeito, devem existir no mesmo não somente membros, mas também diversos ofícios, segundo os diversos membros e diversos carismas..."[216].

---

[214] Ibid. c. 6 (I 291).
[215] Brev., p. IV, n. 8 (BAC I 375).
[216] Ibid.

Continua são Boaventura dizendo que o Espírito Santo é a causa de variados carismas e ofícios e que os distribui a cada um segundo o seu querer, conforme a largueza da providência divina.

Segundo o doutor seráfico, a caridade pressupõe as virtudes da fé e da esperança. Contudo, ela não somente cria o vínculo de unidade na Igreja, mas também, mediante o Espírito Santo, lhe concede vida e vivifica todo aquele que pela fé é incorporado como membro. A caridade faz do fiel um membro vivo. Trata-se segundo observou R. Silic de um vínculo que ele chama de "formal"[217].

Entretanto, a caridade opera não somente o vinculo de união com Cristo, mas dos membros entre si. É por meio dela que se dilata nosso amor ao próximo. Trata-se então de um vinculo "material".

Essa doutrina da caridade segundo são Boaventura se fundamenta muitas vezes na doutrina do Pseudo-Dionísio que declara: *"amor est vis unitiva"*, através do ensino de Hugo de São Vitor: *"amor est vis transformativa"*[218]. Por sua vez, esse conceito de caridade dionisiano deriva o seu princípio através do ensinamento de Ricardo de São Vitor: *"amor est vis liberaliter diffusiva"*[219]. Neste sentido, a caridade é virtude unitiva, transformativa e que liberalmente se difunde ou se comunica, pensa o doutor franciscano.

Segundo são Boaventura, a caridade não cria vida sozinha, mas em sua relação com a graça santificante. Por que a graça e caridade estão unidas de modo profundo e inseparável[220]. Esse vínculo vital de unidade que une graça e caridade é o Espírito Santo. Ele habita em nós de modo a comunicar eficazmente graça e caridade.

8.4. O Espírito Santo opera nos sacramentos

Todavia, o efeito unificante do Espírito Santo não se restringe ao momento interior. Ele atua não somente através das virtudes, mas exteriormente, através dos sacramentos. A sua ação interior se visibiliza no tempo através dos sacramentos. Assim

---

[217] SILIC, Rufin, *Christus und die Kirche, Ihr Verhältnis nach der Lehre des Bonaventura.* Breslau: 1938 p. 125-126.

[218] II Sent. Proem. (II, 4b); d. 16, a. 1, q. 1 fund. 3 (II 393 b); d. 40, a. 1, q. 1, fund. 1, II 920 b). BONAVENTURAE, *OPERA OMNIA. Commentaria in Quatuor Libros Sententiarium Magistri Petri Lombardi*, t. II, Florença: Ad Claras Aquas (Quaracchi), Ex Typografhia Colleggi S. Bonaventurae, t. II, 1885. Cf. Rufin Silic *Christus und die Kirche, Ihr Verhältnis nach der Lehre des Bonaventura.* p. 126.

[219] Apol. paup. c. 4 n. 2. BUENAVENTURA. *Obras de San Buenaventura,* t. VI, 1ª. ed. Madrid: BAC, 1947, p. 413. Cf. também BONNEFOY, J.-Fr. p. 14-18; SILIC, Rufin, p. 126.

[220] I Sent. d. 18, p. 1, q. 3, corp. (I 292 a).

se pode dizer que o Espírito Santo congrega a Igreja, indicando também que a Igreja é visívelmente ou socialmente por ele unida e reunida em comunidade.

Segundo o doutor franciscano, os sacramentos são sinais instituídos por Cristo que operam a cura dos seres humanos feridos por causa do pecado e que os incorpora como novos membros do corpo místico. Segundo o doutor franciscano, os sacramentos fundam, constituem e manifestam a Igreja pela graça do Espírito Santo.

Pelo sacramento do Batismo, por exemplo, o Espírito Santo nos gera das entranhas da Igreja e nos dá à luz[221]. De modo semelhante acontece em outros sacramentos nos quais o Espírito Santo participa santificando e unindo. Por conseguinte, a unidade interior encontra a sua expressão visível na unidade sacramental, como ensina a Sagrada Escritura ao dizer:

"uma só fé... um só batismo"[222].

Segundo o doutor seráfico, enquanto no batismo, o Espírito Santo atua interiormente com os seus dons e virtudes, incorporando ao corpo místico e, por conseguinte, exteriormente, manifestando a Igreja visível na terra, pela Eucaristia opera a caridade, aperfeiçoando a comunhão no corpo místico, unindo os membros a Cristo e os fiéis entre si, abrangendo toda Igreja, seja militante, padecente e triunfante. Com efeito, a Igreja visível na terra em sua ralidade social é já sinal dessa comunhão que opera a virtude da caridade na celebração da Eucaristia.

Igualmente, na Eucaristia, em virtude do Espírito Santo é consagrado o corpo e o sangue do Senhor de modo que os sinais do pão e o vinho por instituição não somente figuram, mas são realmente o Corpo e Sangue do Senhor, afirma o doutor serafico citando sto. Agostinho[223].

Na confirmação, é dada a abundância da graça do Espírito Santo que fortalece o fiel em vista da confissão pública da fé, outrora recebida no batismo. A fé acolhida no coração pela ação do Espírito Santo, que é a caridade, deve se manifestar no testemunho[224].

---

[221] Cf. Festo Omn. Sanct. Sermo 1 (IX 599 a); DSSt. c. 3, n. 13 (BAC V 471).
[222] BERRESHEIM, Heinrich, p. 190.
[223] IV Sent. d. 9 p. 2 c. 2 (IV 215).
[224] IV Sent. d. 8 dub. 2 (IV 176).

No sacramento da penitência, pela ação do Espírito Santo, que une a Igreja na caridade, perdoa os pecados. Em outras palavras, o perdão dos pecados é concedido na Igreja mediante a ação do Espírito Santo[225].

São Boaventura cita o evangelho de são João[226] e explica que o poder de perdoar os pecados, ou seja, o poder das chaves, é dado juntamente com o envio do Espírito Santo aos apóstolos da parte do Cristo ressuscitado. Afirma o santo doutor: quem não possui o Espírito Santo não possui o poder das chaves[227].

Pela ação do Espírito Santo, a Igreja é o espaço da caridade. Neste sentido, a Igreja é assim Comunidade da caridade, onde o Espírito Santo, derramado em nossos corações, perdoa os nossos pecados. Citando santo Agostinho, s. Boaventura afirma que o Espirito Santo é dado à Igreja de modo que ela tem o poder de perdoar os pecados.

O ministro ordenado ao conceder o perdão não age em nome próprio, mas em nome da Igreja, na qual atua a caridade indulgente do Espírito Santo. O sacerdote perdoa os pecados não em razão de sua idoneidade, mas da utilidade da Igreja especialmente em vista daqueles necessitados do perdão. Deste modo, a eficácia do sacramento da penitencia não está no ministro, mas na ação do Espírito Santo na Comunidade da Igreja.

Em seu comentário ao evangelho de São João, o doutor franciscano afirma que a absolvição ou remissão dos pecados não tem eficácia a não ser na caridade da Igreja. Não é necessário que o sacerdote possua a caridade, mas é suficiente que, ao menos, esteja unido a Igreja[228].

Há duplo modo de absolver, segundo o doutor seráfico:

"pelo mérito e ofício e, sobretudo, pelo ofício".

Para que o ministro absolva dignamente os pecados é necessário que o sacerdote possua o Espírito Santo nos dois sentidos. Com efeito, para absolver a modo de ofício não é necessário. O Espírito Santo é dado para que o sacerdote administre dignamente o

---

[225] IV Sent. d. 18 p. 1 a. 3 q. 2 dub. 3 (IV 482 b). Cf. também In Joan c. 20 n. 53 (VI 515 a/b).
[226] Jo 20, 22.
[227] IV Sent. d. 19 a. 1 q. 2 n. 2 (IV 501).
[228] In Joan c. 20 n. 53 (VI 515 a).

sacramento ou para significar que sem a graça do Espírito Santo não se dá a remissão dos pecados. Porém, não é necessário que a graça esteja no sacerdote, mas nos sacramentos[229].

Para são Boaventura, o poder de administrar o sacramento da penitencia permanence tanto nos ministros justos ou injustos. Isto é o ato da divina disposição para que o pecado de um prelado não cause dano ao súdito[230]. Portanto, não é o elemento humano ou jurídico que determina a eficácia dos sacramentos, mas ação do Espirito Santo que age na Comunidade eclesial, ou melhor, na unidade do corpo místico, fazendo desta o lugar do perdão divino em vista da salvação dos penitentes[231].

Na confirmação, é dada a abundância da graça do Espírito Santo que fortalece o fiel em vista da confissão pública da fé, outrora recebida no batismo. A fé acolhida no coração pela ação do Espírito Santo, que é a caridade, deve se manifestar no testemunho[232].

A extrema unção é o sacramento da partida do fiel para a casa do Pai. Nos últimos momentos da vida os fiéis sentem a presença do Espírito Santo que os acompanha com a sua graça na passagem da Igreja militante à Igreja triunfante; da Igreja peregrina à Igreja celeste[233].

O matrimônio une mais profundamente os membros entre si, unidade já iniciada no batismo e, por conseguinte, são mais unidos a Cristo[234]. Assim como Cristo está unido a sua Igreja como esposo e esposa em indissolúvel e amorosa relação conjugal assim também é santificada a relação conjugal entre esposo e esposa. Com efeito, essa unidade e comunhão é dom da graça de Cristo conferida pela caridade do Espírito Santo.

E, finalmente, no sacramento da ordem atua o Espírito Santo constituindo na Igreja ministros ordenados que configurados a Cristo e a Trindade, humildemente se abaixam e se põem a serviço do povo cristão. A Ordem é o sacramento da comunidade visto que os membros ordenados em seu ministério geram mais membros para a Igreja e,

---

[229] Ibid.
[230] Ibid.
[231] IV Sent. d. 18 p. 1 a. 3 q. 2 dub. 3 (IV 482).
[232] IV Sent. d. 8 dub. 2 (IV 176).
[233] IV Sent. d. 2 a. 1 q. 3 in corp. (IV 53).
[234] IV Sent. d. 26 a. 2 q. 2 ad 1 (IV 668).

por conseguinte, alguns membros ordenados manifestam a sua natureza hierárquica[235]. Tudo isso se realiza como influxo do dom da graça e da caridade do Espírito Santo.

Segundo o doutor seráfico, os sacramentos possuem virtude influente em razão da assistência do Espírito Santo[236]. Deste modo, tanto os efeitos dos sacramentos como a sua eficácia são obra do Espírito Santo. A presença do Espírito Santo terceira Pessoa da ssma. Trindade atua a graça dos sacramentos. Por conseguinte, nos sacramentos da nova Lei ou sacramentos instituídos no tempo do Novo Testamento opera

"a divina virtude secretamente" (divina virtus secretus operator)[237].

O Espírito Santo age interiormente, mediante as virtudes e exteriormente mediante os sinais, na realização da integridade dos sacramentos, como "res et signum", realidade e sinal; "significatio tantum", somente significado[238]. Os sacramentos são sinais sensíveis, cuja significação adequada à realidade humana nos é dada pelo Espírito Santo. Deste modo, segundo o doutor franciscano, o Espírito Santo realiza a unidade do sacramento[239]. Há um só sacramento, em sua essência, que se realiza em vista de uma só ordem. Por sua vez, o sacramento é ordenado a um só efeito[240]. Portanto, é o Espírito Santo que trabalha cada sacramento em sua unidade ou integridade, ordenando-o a seu respectivo efeito. Igualmente, é a terceira Pessoa que assistindo aos sacramentos lhes confere vida e graça vivificante.

De acordo com são Boaventura, os sacramentos da Nova Lei possuem:

"virtude ordenada à influencia, ao merecimento, à disposição e à eficácia"[241].

Completa o santo doutor: virtude em razão da assistencia do Espírito Santo, virtude merecedora em razão do mérito da Paixão que nos faz merecer a graça dos sacramentos; virtude dispositiva em razão da fé e da devoção dos fieis que se dispõem a receber os sacramentos.

---

[235] IV Sent. d. 2 dub. 1 (IV 59); In Luc 5, 26 n. 61 (VII 128).
[236] III Sent. d. 40 dub. 3 (III 895 a).
[237] Ibid.
[238] Ibid. (III 896 a).
[239] Ibid.
[240] Ibid.
[241] Ibid.

Somente ssma. Trindade é a causa da graça sacramental visto que os sacramentos não possuem substancialmente a graça em si mesmos. Entretanto, em virtude do Espírito Santo são "ordenados" eficazmente de modo que os fiéis possam receber a graça.

Neste sentido, a graça dos sacramentos não procede dos sacramentos em si mesmos, nem está ligada aos sinais sensiveis, mas a Cristo e ao seu Espírito que são "principio", fonte e origem da graça sacramental. Enquanto Cristo nos faz merecer eficazmente a graça, o Espírito Santo nos assiste influindo sobre nós justiça plena[242].

Nos sacramentos da Nova Lei agem reciprocamente Cristo e o Espírito Santo. Mas é o Espírito Santo quem assiste os sacramentos do Novo Testamento. O Espírito Santo também atua interiormente, infundindo a graça, na pessoa do fiel quando o mesmo pela fé recebe a graça dos sacramentos[243].

Entretanto, observa o doutor franciscano que a ação santificadora do Espírito Santo, juntamente com os méritos da Paixão e os elementos exteriores não somente restauram conforme a economia dos sacramentos da Nova Lei, mas também nos sacramentos da Antiga Lei[244]. Portanto, a presença reparadora de Cristo e do Espírito Santo se encontra desde os primórdios da criação, no tempo dos patriarcas, passando pelos profetas até chegar ao tempo da plenitude de Cristo.

Afirma o doutor franciscano que mediante os sinais sensíveis divinamente instituídos se recebe a graça do Espírito Santo[245]. Deste modo, a graça dos sacramentos é também a graça do Espírito Santo que nos restaura conforme as três potencias à imagem da Trindade e de Cristo[246].

O Espírito Santo seguindo a missão de Cristo que nos faz merecer, apefeiçoa nos fiéis a graça dos sacramentos. Ele mesmo infunde essa graça no coração dos fiéis e a aperfeiçoa. Pela ação efetiva do Espírito Santo nos sacramentos se manifesta os seus efeitos visíveis na Igreja como um todo, bem como na vida dos fiéis.

Entretanto, o Espírito Santo reúne a Igreja não somente na ordem sacramental, mas une os membros da Igreja em uma unidade visível, possibilitando a sua manifestação.

---

242 Ibid.
243 III Sent. d. 40 dub. 3 (III 896 a).
244 Ibid. (III 896 b).
245 Brev. p. 6 c. 1 n. 5 (BAC I 433).
246 Ibid. n.4.

Assim também acontece no dia de Pentecostes. Além disso, acrescenta são Boaventura, ele tem a caridade que amplia a associação visível da Igreja, isto é, produzindo continuamente novos membros.

Por fim, segundo são Boaventura, a presença do Espírito Santo que opera as virtudes, especialmente a caridade, distribui os seus carismas, ordenando a Igreja.

8. 5. O Espírito Santo ordena a Igreja.

Segundo o doutor franciscano, a Igreja, corpo místico de Cristo, é uma ordem. Neste sentido, se apresenta como um todo orgânico e hierárquico, onde há pluralidade, distinção e ordem. Já a Igreja militante que é a visibilização social no tempo do corpo místico é constituída, segundo o doutor franciscano, de múltiplos carismas, ministérios, estados de vida distribuídos de forma hierarquicamente ordenada. Essa ordenação resulta da bondade, da previdência e da sabedoria divina. De modo que nela não reina confusão, mas beleza, distinção e ordem[247].

"Distinctio autem sine ordine confusio est", afirma são Boaventura[248]. A Igreja é a obra de Deus por excelência e a plena manifestação da sabedoria divina. Ela contém uma variedade de coisas e se não houver ordem será completa confusão[249]. A ordem está enraizada na verdadeira constituição da Igreja (in constituitione Ecclesiae)[250]. Segundo o seráfico, a ordem não é algo que se põe superficialmente ou mera aparência fenomenológica, mas se fundamenta na verdadeira constituição da Igreja[251]. É necessário, pois, que a Igreja se constitua em ordem para alcançar a sua perfeição ou configuração segundo a ordem da Igreja celeste e, em última análise, a semelhança da ordem da Trindade.

Neste sentido, qual o papel do Espírito Santo na configuração da Igreja como "ordem"?

---

247 IV Sent. d. 24 p. 1 q. 1 concl. (IV, 614).
248 Hex. c. 8 n. 12 (BAC III 343): "... a distinção sem ordem é confusão".
249 Cf. IV Sent. d. 24, p. 1. A. 2, q. 1, resp., IV 614 b. HELLMAN, J. A. Wagne, *Divine and created Order in Bonaventure's Theology*, tr. ing., Nova Iorque: The Franciscan Institute San Bonaventure, 2001, p. 134.
250 Ibid.
251 Brev. p. 4 c. 10, V 251. HELLMAN, J. A. Wagne, *Divine and created Order in Bonaventure's Theology*, p. 134.

Com efeito, o papel próprio do Espírito Santo que segue a ação de Cristo hierarca é ordenar ou hierarquizar a Igreja[252]. Segundo são Boaventura através da distribuição dos carismas a Igreja é ordenada[253]. Declara:

"... passado o intervalo de dez dias, (Cristo) enviou sobre os apóstolos o Espírito Santo que lhe tinha prometido, cuja obra foi congregar a Igreja das gentes e ordená-la segundo as diversas distribuições de ofícios e graças"[254].

O Espírito Santo é o principio de todo dom e toda graça de modo que infunde em sua descida a plenitude do dom da graça sobre o corpo místico de Cristo, conduzindo-o deste modo à perfeição da ordem. Tal perfeição supõe unidade, distinção e multiplicidade. O Espírito Santo atua a graça da distribuição dos carismas e da ordem na Igreja. Como em um corpo perfeito diversos membros recebem distintos ofícios assim também acontece por meio dos dons da graça do Espírito Santo na Igreja. Então, na unidade da fé e da caridade há membros diversos, que possuem distintos ofícios e atividades. As atividades para o exercício desses distintos ofícios (exteriores) estão fundamentadas nos diversos dons e graças (interiores)[255].

Mediante a missão do Espírito Santo, a Igreja se torna uma realidade orgânica e ordenada. O Espírito Santo além de justificar a criatura com a "gratia gratum faciens", atuando a incorporação no corpo místico, concede também a "gratia gratis data", que concede aos justos os "carismas" a fim de que possam exercer o seu ministério eclesial em favor da edificação da Igreja.

Enquanto, em sua missão invisível, o Espírito Santo atua a graça "gratia gratis faciens", na "gratia gratis data" opera a missão visível (missio visibilis). Na missão invisível ele realiza a incorporação de um não membro tornando-o membro, na missão visível, opera a distribuição dos carismas. Esses carismas são distintos, variam de um membro para outro, conferem ordem, poder espiritual e mútua subordinação.

Todos eles procedem de um mesmo principio, Cristo hierarca e a Ele estão subordinados.

---

[252] Cf. BERRESHEIM, H. p. 190 -192.

[253] Brev. p. 4 c. 10 n. 1 (BAC I 371); cf. também, 1Cor 12, 8-12.

[254] Brev. p. 4, c. 10 (BAC I 371).

[255] Brev. p. 7 c. 7 n. 5 (BAC I 533-535).

"... A Igreja está ordenada segundo os ministérios como está também os carismas e graças. Porém, a influência de carismas e graças vem de uma só cabeça, que é Cristo..."[256].

Neste sentido, se pode dizer que os carismas e ministérios não são capricho humano, mas é obra de Cristo que nos é dado segundo a influência de seu Espírito. Eles têm a sua existência e razão de ser em Cristo. Segundo são Boaventura, Cristo é a cabeça, o sumo hierarca e pontífice que preside todos os carismas e ministérios.

Segundo são Boaventura, o corpo místico é organizado a partir dos carismas. E, por conseguinte, o Espírito Santo com os seus carismas é o principio orgânico do corpo místico. Afirma o doutor seráfico:

"Nesta santa Igreja, por todo o mundo é derramada em muitas formas e uniformemente unida por obra admirável do Espírito Santo, somente preside Cristo pontífice, como sumo hierarca, o qual, com ordem maravilhosa, a semelhança da cidade celeste, dispensa nela as dignidades e ofícios e distribui os dons e carismas. Porque a alguns constitui apóstolos, a outros profetas... para o aperfeiçoamento dos santos na obra do ministério, dirigida à edificação do corpo de Cristo"[257].

8.6. O Espírito Santo age com e nos apóstolos

Que relação há entre ação do Espírito Santo e ministério apostólico?

O Espírito Santo continua a missão de Cristo iniciada com os apóstolos, cuja base da Igreja se encontra na obra dos apóstolos[258].

Quando Jesus Cristo, por exemplo, pede a Pedro para apascentar as suas ovelhas, então a Igreja é fundada nesse ministério visível e assim aperfeiçoa o Espírito Santo no dia de Pentecostes a obra que Cristo iniciou no momento que concede a Pedro o carisma para o exercício desse ministério. Deste modo, se mostra a mediação do Espírito em Pedro. Isto vale não somente para Pedro, mas também para os apóstolos e para todos em geral: quem na Igreja possui um ofício próprio é um pregador ou um sacerdote, esses serviços estão na linha de pensamento do envio do Espírito e que através deles se efetua o aperfeiçoamento da Igreja, que por essa razão recebem um carisma especial do Espírito

---

[256] Perf. ev. q. 4 n. 3 fund. 16 (BAC VI 301).
[257] Lig vit. n. 40 (BAC II 313).
[258] IV dist. 8 a. 1 q. 1 concl. n. 1 (IV 164).

Santo. Além disso, a ação de Cristo e do Espírito Santo se dá conjuntamente: Cristo funda a Igreja, o Espírito Santo a aperfeiçoa[259].

O significado do dia de Pentecostes está na visibilização da ordem e da perfeição da Igreja. Porém, a pertinência do Espírito Santo para a Igreja não se esgota com o dia de Pentecostes. Ele mantém a sua influência na Igreja que se aperfeiçoa e especialmente em vista da unidade, da santidade e sobre os carismas baseados na "ordem" da Igreja. É de interesse também as pessoas sobre as quais se difunde no dia de Pentecostes o Espírito Santo, a saber, os apóstolos.

O envio do Espírito Santo, sua comunicação e efeitos, que até agora apresentado de modo mais abstrato, se realiza concretamente nos apóstolos[260]. Eles têm a sua relevância para a Igreja, especialmente quando tratamos dos ministérios específicos que Cristo exerce na e através da Igreja. No exercício desses ministérios já se indica o lugar dos apóstolos na relação com o envio do Espírito Santo e aos seus efeitos na Igreja.

Afirma s. Boaventura que sobre os apóstolos Cristo fundou a sua Igreja[261]. Por sua vez, Cristo é o primeiro fundamento sobre o qual os apóstolos fundam a Igreja ministerial[262]. Eles são o fundamento sobre o qual se levanta o edifício da Igreja[263]. Eles constroem a Igreja sobre o fundamento que é Cristo em sua ordem. De certo modo, em continuidade com a ação fundante de Cristo, quer dizer, "fundum" a propaga em todo mundo. A ação fundante dos mesmos não deriva de uma virtude própria, mas tem lugar no ministério de Cristo, da cabeça e dos fundamentos.

No passado, no Antigo Testamento, no tempo da Lei natural e da Lei escrita estes fundamentos se encontravam respectivamente nos patriarcas e profetas. Juntamente com os apóstolos são chamados de "montes"[264]. Segundo o doutor franciscano, quanto mais alto a dignidade e posição do ministério mais se consagra como fundamento segundo a

---

[259] Brev. p. 4 c. 10 n. 8 (BAC I 375).
[260] Cf. BERRESHEIM, Heinrich. p. 192-194.
[261] IV Sent. (IV 642 b); (IX 372).
[262] Sermo 2 in Festo omn. Sanct. (IX, 602 b/603 a).
[263] *"Eles são os doze fundamentos, civitatis, montes et fundamenta, lapides et fundamenta, a ossa Ecclesiae, fundatores et magistri"*. BONAVENTURAE, *OPERA OMNIA. Commentarii in Sacra Scripturam*, t. VI. Florença: Ad Claras Aquas (Quaracchi), Ex Typografhia Colleggi S. Bonaventurae, 1892, p. 373 b; (IX, 688 b); VII, 141 b; (IX, 341 a/b).
[264] Cf. De Assun. B. V. M. sermo 1 (BAC III 847).

fé, a esperança e a caridade. Daí porque os patriarcas, profetas e apóstolos são chamados de "montes" ou fundamentos da casa da Igreja[265].

Deste modo, na história da salvação que se identifica com a história da Igreja e da humanidade, estes constituiam as ordens fundamentais ou os fundamentos[266]. Estas ordens correspondem a Pessoa do Pai: os patriarcas repondem ao Pai em si mesmo; os profetas respondem ao Pai no Filho e os apóstolos respondem ao Pai no Espírito Santo, declara o doutor franciscano[267]. Em outro sermão, fala do tríplice grau sobre o qual se estabiliza a hierarquia eclesiástica, isto é, sobre os montes patriarcais, na lei da natureza; sobre os montes proféticos, na lei da Escritura e sobre os montes apostólicos, na lei da graça[268].

Há progressividade no tempo pela ação do Espírito Santo desde o fundamento dos patriarcas até chegar ao fundamento dos apóstolos. E assim gradualmente cada fundamento na história se apropria de uma virtude teologal. Deste modo, os patriarcas correspondem a fé, os profetas a esperança e os apóstolos a caridade[269]. Logo, segundo a doutrina do santo doutor, o fundamento apostólico tão vital à Igreja supõe no tempo a participação destes outros fundamentos. Deste modo, os dois primeiros antecipam e preparam o terceiro. Portanto, esta dinâmica trinitária ou ternaria exige ordem. Com efeito, com o advento do Espírito Santo em Pentecostes, a Igreja chegou a sua plenitude com a instituição da ordem apostólica.

Segundo são Boaventura, a fé teve um significado especial para a Igreja. O caminho da firmeza de sua fé se denomina de "fundamento" (civitatis). Além disso, possui uma caridade que lhe é própria, fecunda e vital. O envio do Espírito foi de muita importância. Outrora, os apóstolos já possuíam o Espírito antes da ascensão, mas somente no dia de Pentecostes, mediante a graça do Espírito, agindo neles, a Igreja se manifestou visivelmente.

---

265 Ibid.
266 Hex. c. 22 n. 5 (BAC III 609).
267 Ibid.
268 SS. Angelis, sermo 1 (IX 613 a).
269 De Assun. B. V. M. sermo 1 (BAC III 847).

Segundo o doutor seráfico, o Espírito Santo encheu e enriqueceu os apóstolos de virtudes, dons e ofícios, de modo que nada careciam, e os constituiu herdeiros e reis do reino dos céus e princípes dos fiéis cristãos[270].

O Espírito Santo no dia de Pentecostes aperfeiçoou o "envio" dos Apóstolos da parte de Cristo e se manifestou em seus efeitos. Assim aconteceu no ministério da pregação. O Espírito Santo os acompanhou em sua pregação, lhes ensinou interiormente e lhes ajudou no exercício do ministério. Com efeito, a virtude do Espírito Santo lhes concedeu o testemunho como "veri testis", testemunhas, de modo a surpreender a todos com o seu ensino. Em modo único atua o Espírito Santo nos apóstolos na constituição do "símbolo" que contém a essência da proclamação da fé cristã em doze artigos[271].

De fato, o Espírito Santo foi dado em plenitude à Igreja. Essa graça do Espírito Santo, a Igreja possui em abundância. Por conseguinte, essa graça de Cristo é mediada no exercício do ministério do ensino. É próprio ao Espírito Santo ser doutor que instrui e conduz a Igreja a verdade da fé. São Boaventura chama o Espírito Santo de verdadeiro "mestre[272]" ou "excelente mestre"[273] e "sumo e fontalíssimo doutor"[274] porque Ele ensina interiormente e está presente no coração e atuação dos apóstolos. Por conseguinte, sob o fundamento dos apóstolos ao longo do tempo sob sua inspiração interior, o Espírito continua a falar e a ensinar através do ministério do ensino da Igreja[275]. Além do mais, é Ele que instrui os pregadores[276]. Nas palavras dos apóstolos, o Espírito Santo inspira e anima despertando o zelo, elegendo e desejando salvar em Cristo segundo a condescendencia da benevolência divina ou celeste proteção, declara o doutor franciscano[277].

O Espírito Santo não ensina sozinho, mas com e mediante os apóstolos. E através destes continua ao longo da vida da Igreja. A Igreja recebeu de Cristo por meio dos apóstolos esta função de anunciar a Palavra, ensinar e intruir, cuja atividade foi aperfeiçoada na missão do Espírito Santo.

---

[270] Dominica post pascha. Sermo 1 (IX 310).
[271] III Sent. d. 25 divisio textus a. 1 q. 1 (III 534a).
[272] Dom 5 p. pascha. Sermo 1 (IX 311); ibid. sermo 2 n. 1 (IX 311).
[273] De sancto Marco Evangelista, sermo 1 (IX 523 b).
[274] In Pent. Sermo 1 (IX 331 a).
[275] III Sent. d. 24 dub. 2 in resp. (III 529 b).
[276] Hex. c. 9 n. 6 e 7 (BAC III 351).
[277] Dominica 3 Adventus sermo 10 (IX 70 b).

Entretanto, o Espírito Santo não atua somente no intelecto dos apóstolos ou dos fiéis, mas também no afeto ou na vontade, concedendo "caridade liberalíssima" porque estando presente interiormente no mais íntimo do coração, dilata e move todas as almas humanas ao amor a todos os eleitos. Deste modo, são os apóstolos que nos exortam ao fervor do amor mútuo. O Espírito Santo é também "poder insuperável". Neste sentido, opera a faculdade do vigor e a constância insuperável como efeito contra a debilidade da impotência. Cita o doutor seráfico livro dos Atos dos Apóstolos e declara que o Senhor Nosso Jesus Cristo enviou os apóstolos para lutar contra as tiranias violentas e astúcia dos demônios, desejou enriquecê-los dos primeiros dons e armas espirituais e fortalecê-los em virtude do Espírito Santo[278].

Com efeito, o Espírito Santo é o "princípio efetivo e causa" destas três classes de dons que constituem radical e essencialmente todos os benefícios da graça atual: verdade infalível; suma caridade e sumo poder[279]. Afirma são Boaventura que o Espírito Santo é a verdade infalível; a caridade liberal e o poder insuperável. Neste sentido, sendo suma verdade, procede então o esplendor do entendimento dos fiéis, que confere conhecimento iluminado; sendo a terceira Pessoa "suma caridade" dele procede o amor útil benevolente, rectificante do afeto; e em terceiro lugar, o Espírito Santo é "poder sumo" porque dele procede todo vigor e constância viril, que concede fortalecimento efetivo[280]. Em outras palavras, o Espírito Santo liberta do medo e confere coragem e determinação aos apóstolos.

Estes três modos de distribuição dos benefícios do Espírito Santo são necessários à salvação de todos os fiéis de todas as condições, seja de idade ou de sexo[281]. Caso os fiéis não possuam estes três, isto é, entendimento no intelecto, caridade benevolente no afeto e constância final efetiva, não poderá alcançar o estado da salvação. Através deles o ser humano é configurado a imagem da ssma. Trindade. Estes se opõem aos três primeiros pecados das trevas da ignorancia, da inveja maligna e da debilidade impotente[282]. Com efeito, os apóstolos chamados a evangelizar todos os povos sob a ação

---

[278] In Pent. Sermo 1 (IX 331 b).
[279] Ibid.
[280] Ibid.
[281] Ibid.
[282] Ibid.

do Espírito Santo anunciam e testemunham segundo estas três classes de dons ou benefícios da graça.

Ensina também o doutor seráfico que o Espírito Santo que procede do Pai e do Filho atua nos apóstolos de modo tríplice: como rio vivificante pelas virtudes inesgotáveis que conforta; como rio cândido ou esplendido pela sabedoria refulgente que enriquece; e segundo o rio de fogo pela caridade incandescente que inebria[283]. Segundo o seu pensamento, movidos pelo Espírito os apóstolos estão unidos intimamente ao mistério da Trindade e, por conseguinte, agem trinitariamente. Em sua evangelização e testemunho anunciam a Cristo e manifestam ao mundo o mistério da ssma. Trindade.

Também na ordem sacramental agem os apóstolos na íntima relação com o Espírito Santo. Este último os inspira de modo a confeccionar ou constituir os sacramentos. Cristo está na raiz e na fonte dos sacramentos, mas historicamente não institui a todos. Agindo neles, o Espírito institui a confirmação e a extrema-unção[284]. Enquanto estes dois sacramentos foram insinuados por Cristo, por sua vez o Espírito Santo os constituiu. Nos sacramentos da Antiga Lei, no Antigo Testamento, ainda não havia as figuras desses dois sacramentos.

Os apóstolos podem até mesmo mudar a formula do batismo simplesmente, batizando "em nome de Cristo" sob a orientação do Espírito Santo. Também na preparação dos sacramentos se dá sempre conforme a instrução de Cristo ou do Espírito Santo.

Segundo o doutor franciscano, não somente Cristo institui, mas também a Igreja inspirada pelo Espírito Santo pode instituir a forma do sacramento do batismo. Por sua vez essa forma de batizar em nome do Pai, do Filho e do Espírito Santo, segundo o evangelho de Mateus, a Igreja a recebeu dos apóstolos. Assim, se o Espírito Santo inspira, toda Trindade também aprova esta forma, porque age em conjunto e indvisivelmente[285].

8.7. O Espírito Santo atua nos ministros da Igreja

De muito significado para a questão do fundamento da Igreja é o seu lugar, a saber, a sua atuação na atividade pastoral, ou seja, no ministério dos pastores. Os carismas que

---

[283] In Pent. sermo 3 (IX 335 a).
[284] IV Sent. d. 23 a. 1 q. 2 concl. (IV 591).
[285] IV Sent. d. 3 p. 1 a. 2 q. 1 resp. 2 (IV 71).

lhes foram concedidos pelo Espírito Santo para a edificação da Igreja foi de importância fundamental.

Segundo são Boaventura, os apóstolos, especialmente Pedro e os seus sucessores governam como superiores queridos por Deus no lugar de Cristo. A Igreja devido a sua relação íntima com os apóstolos é denominada "apostólica". Chama-se apostólica porque procede dos apóstolos não somente em sua existência, mas também em sua atuação no ensino, no sacerdócio e na ação pastoral. Essa atividade se refere, procede e se realiza pela ação do Espírito Santo. Está intimamente associada à inspiração desse Espírito.

Quando se diz que o Espírito Santo "ordena" a Igreja, o doutor seráfico quer afirmar que essa associação é dada por Deus, não é uma criação humana. Para alguns membros é dado um dom especial seja para uma função superior ou subordinada. Estas funções não são autônomas, absolutas ou independentes, mas existem e tem a sua razão de ser somente enquanto referidas ao lugar principal de Cristo.

Por conseguinte, todos os ministérios têm a sua base e se compreendem na missão dos apóstolos. Eles têm um lugar fundamental na história da Igreja. Eles receberam de Cristo o carisma e o ministério do governo sobre o povo da Igreja. Assim o serviço da direção foi dado a Pedro e aos outros apóstolos por Cristo. Por conseguinte, eles agiam pela ação do Espírito Santo; eles edificavam a Igreja não somente interiormente por meio de sua fé, mas também exteriormente para dar visibilidade ao edifício de Cristo. A Igreja é assim "apostólica", isto é, se fundamenta em sua construção e em seus ministérios na atuação ministerial dos apóstolos. Os apóstolos como portadores do tríplice ministério sustentam todos os outros membros da Igreja.

Em relação ao edifício do ministério pastoral, o Espírito Santo através de seus carismas realiza a "ordem" da Igreja. Por conseguinte, mediante atuação interior e sacramental do Espírito Santo, a Igreja é mediadora da salvação no exercício de três serviços: sacerdotal, docente e real ou pastoral. Os ministros receberam o carisma do Espírito Santo, são configurados a fonte da graça a Cristo e a Trindade e são chamados na liberdade a repassar o dom recebido em benefício de todos os fiéis.

Eles são chamados de prelados ou sacerdotes que continuam a função de Cristo Mediador entre Deus e o seu povo. Assim como Deus que é o princípio fontal da graça está sempre a se doar e nada recebe, porque já tem tudo, os ministros ordenados bem como cada cristão tem a função de comunicar a graça aos outros. Porque segundo o doutor franciscano aquele que recebe a graça em vão, não comunica nada aos outros. A graça nos assimila a fonte de modo que se água não é doada, perde a razão de fonte; porque não se trata da graça segundo a cisterna, mas segundo a fonte[286]. Todos os ministros segundo são Boaventura não somente devem receber da água da vida, mas também ser aquela fonte que repassa dessa graça de Cristo aos irmãos.

No entanto, o Espírito Santo age na dispensação dos sacramentos de modo que a graça da unção que envia e constitui ao ministério esteja em todos os ministros ou sacerdotes superiores e inferiores. Não somente esteja na cabeça, mas também na barba e na orla das vestes de Aarão, explica o doutor franciscano[287]. Na base desse tríplice ministério está a ação de Cristo que por meio do Espírito prolonga sua ação na Igreja.

8.8. O Espírito Santo em Maria ilumina a vida da Igreja

É de suma relevância ressaltar também a atuação do Espírito Santo que começou em Maria, e que continua na Igreja e em cada fiel[288]. Seguindo uma tradição muito antiga, são Boaventura faz um paralelo entre Maria, a Igreja e a pessoa de cada fiel batizado. Todas são virgens, esposas e mães. E todas elas se unem a Cristo pelo Espírito Santo. E assim como Maria concebeu o Verbo encarnado, a Igreja pelo Espírito Santo concebe pelo batismo continuamente novos filhos. Por conseguinte, em sua alma, a pessoa do fiel também concebe espiritualmente a Cristo[289].

Não podemos entender o mistério da Igreja sem considerar a pessoa e a missão de Maria. Ela tem um lugar fundamental na eclesiologia, porque associada ao mistério da encarnação e porque nela in-habita e age o Espírito Santo de modo a torná-la "início, modelo e resumo ou compendio da Igreja". À luz na pneumatologia, são Boaventura reflete o lugar de Maria e sua relevância na compreensão do mistério da Igreja.

Para são Boaventura o mistério da Virgem Maria aponta para a realização do mistério da Igreja. Em Maria a Igreja se sente refletida. Ela é o tipo e o modelo da Igreja. Porque ambas participam da obra da encarnação tendo em comum a atividade do Espírito

---

[286] De Sancto Stephano martyre. Sermo 1 (IX 480 b).

[287] IV d. 23 a. 1 q. 4 concl. (IV 596).

[288] Cf. MERINO, J. A. e FRENESDA, F. M. *Manual de Teologia Franciscana*. trad. bras. Petrópolis: Vozes e FFB, 2005. p. 235-241.

[289] De Sanctis Angelis. Sermo 5 (IX 627).

Santo que começou a operar em Maria e continua a operar na Igreja. Embora distintas, constituem um só e mesmo mistério sob a influência do Espírito.

Em ambas o Espírito Santo infunde virtudes e dons, especialmente a fé, a caridade e a esperança. Por meio da ação do Espírito Santo, Maria e a Igreja estão associadas ao mistério da encarnação e, por conseguinte, é a obra da encarnação que o Espírito nelas realiza. Entretanto, Maria entre os membros da Igreja é o mais excelente e constitui o fundamento e a origem da Igreja. Já que a Igreja tem a sua origem pela ação do Espírito Santo, o doutor seráfico lhe chama de "mãe do povo cristão"[290].

8.9. O Espírito Santo no tempo da Igreja

Pela ação do Espírito Santo a Igreja em sua plenitude se manifesta progressivamente no tempo. A Igreja de Cristo é a primeira e a única Igreja visível na terra. Antes ela estava em etapa inicial seja no Antigo Testamento ou na vida peregrina de Jesus na terra, mas o que aconteceu depois não foi algo novo, mas manifestação visível, continuidade e aperfeiçoamento da Igreja em Pentecostes. No acontecimento de Pentecostes o Espírito Santo foi dado em plenitude.

Mesmo antes de Pentecostes, o Espírito Santo é dado; está e permanece para sempre presente na Igreja. Não é dada outra Igreja, mas realiza o seu crescimento dinâmico e vital no tempo, passando pelo fundamento dos patriarcas, profetas e dos apóstolos até chegar aos nossos dias. Ele nunca forma ao lado da Igreja de Cristo uma nova comunidade de eleitos, um terceiro reino do Espírito conforme pensa algum tipo de doutrina joaquimita, inspirada em Joaquim de Fiori, teólogo calabrês, defendida naquela época[291].

Em sua última obra Hexäemerom conforme a sua visão trinitária e escatológica parece contestar a doutrina de Joaquim de Fiori que pensa as Idades ou Eras do Pai, do Filho e do Espírito Santo como descontínuas e paralelas. As Eras do Pai e do Filho serão substituídas pela era do Espírito Santo[292].

Joaquim de Fiori concebendo o mistério da Trindade na história de forma descontinuada pensa em uma nova ordem, isto é, resultante do advento do Evangelho

---

290 DSSt. col. VI n. 20 (BAC V 535).

291 Cf. BERRESHEIM, H. p. 197-198.

292 ROVAI, José, *La Iglesia y la existencia Cristiana*, revista de la Facultad de Teología de la Pontificia Universidad Católica Argentina. Buenos Aires. nº 25-26, 1975, p. 57-59.

eterno que ainda virá de caráter puramente espiritual e carismático (era do Espírito Santo) que substituirá essa da Igreja carnal.

Jamais o Espírito age paralelo às outras pessoas da ssma. Trindade, mas sempre em conjundo e de modo indivisível. O tempo do Espírito Santo é também o tempo do Pai e do Filho, influindo sobre a Igreja já no momento atual da história. Essa Igreja não será suprimida por outra espiritual e trans-histórica, mas permanecerá a mesma sendo continuamente purificada, iluminada e aperfeiçoada. Essa ação de Cristo e do seu Espírito nunca suprime o elemento humano e institucional da Igreja, mas a integra, a corrige, a eleva e a atualiza. Tal ação trinitária manifesta a nova era da revelação evangélica.

A assistência permanente do Espírito Santo significa concomitantemente a continuidade da Igreja como Igreja militante (Ecclesia militans) na terra, que tem a sua perfeição na Igreja triunfante (Ecclesia Triumphans). Cabe ao Espírito Santo em sua missão conduzir a Igreja na terra à sua meta que é a definitiva comunhão com a Trindade. Enfim, essa presença e atuação permanente do Espírito na Igreja a faz mediadora da salvação no mundo.

Desde o tempo da lei da natureza, que compreende ao tempo desde o justo Abel até aos Patriarcas, o Espírito Santo está na Igreja presente e aí permanece. E na mesma atua invisivelmente e se manifesta visível e abundatemente nas criaturas; realizando e dirigindo a Igreja inteira[293]. Dá-se sempre aperfeiçoamento da graça que opera em cada membro, em cada carisma ou em cada ministério e em toda Igreja.

8.10. O Espírito Santo na vida do fiel.

Qual é o papel do Espírito Santo na vida da pessoa do fiel?

Segundo o doutor seráfico, o Espírito Santo atua no aperfeiçomento não somente da Jerusalem terretre ou Igreja peregrina ou militante no tempo, mas pessoalmente em cada fiel batizado em particular. A Terceira Pessoa da ssma. Trindade inabita a alma ou a pessoa de cada fiel lhe concedendo a graça que o purifica, o ilumina e o aperfeiçoa. Assim como a Igreja na terra como um todo pela ação do Espirito Santo está em crescimento igualmente acontece na vida dos batizados.

---

[293] IV Sent. d. 3 p. 1 a. 2 q. 1 ad 1 (IV 71 a). Cf. BERRESHEIM. H. p. 197.

Compete ao Espírito Santo conceder a graça, distribuir os dons e ordená-los na pessoa do fiel em vista de sua perfeição. O Espírito Santo desce sobre os fiéis para lhe conceder a graça. O Espírito Santo é o dom por excelência que nos confere a vida da graça, vivificando a cada um dos membros, fazendo da Igreja uma comunidade de muitos viventes. Neste sentido, Ele é também "principio vital" de cada membro do corpo místico.

O Espírito Santo é verdadeiro "hierarca" que purifica, ilumina e aperfeiçoa a pessoa de cada fiel[294]. O influxo do Espírito é verdadeira ação pessoal no todo do corpo místico bem como em cada ser humano justificado pela graça. Sem o Espírito Santo não há justificação, nem incorporação e participação ativa de cada fiel no corpo místico. O Espírito Santo opera em todos os batizados as virtudes teologais, fé, esperança e caridade e infunde os dons e as graças. De modo a fazer da Igreja um organismo vivo constituído de muitos viventes.

Segundo o doutor franciscano, essa doação ou infusão da graça no ser humano é resultado da condecendencia da majestade divina[295]. Deus se dignou condescender-se e abaixar-se ao nível da alma humana por meio do dom da sua graça[296]. A graça do Espírito Santo supõe a realidade existencial do homem; age nas faculdades humanas. Ela influi aperfeiçoando a vida espiritual do ser humano.

Segundo o doutor franciscano a graça é segundo Deus e em ordem a Deus; tem por fim a Deus porque todas as coisas procedem Dele e para Ele retornam, qual "circulo inteligivel"[297]. A graça reordena o ser humano ao seu verdadeiro fim. O Espírito Santo tem a missão de reconduzir a alma do justo a Deus. O fim último do ser humano, peregrino neste mundo, é retornar à sua origem que é Deus, o Pai. Segundo o doutor seráfico, o Espírito Santo nos reduz ao Filho e o Filho ao Pai[298].

Ao ser humano é dada a graça "gratum faciens", graça gratuitamente grata e a "graça data", graça gratuitamente dada. Ambas as graças são gratificantes. A primeira nos faz gratos diante de Deus, isto é, merecedores de sua graça. Que efeitos produz essa graça no ser humano? Ela estabelece profunda e íntima relação da alma com Deus de modo que

---

[294] Hex. c. 3 n. 19 (BAC III 245).
[295] Ibid.
[296] Conforme linguagem mística de São Boaventura, a "alma" é o ser humano em sua corporeidade aberto e a caminho para Deus.
[297] Brev. p. 5 c. 1 n. 6 (BAC I 381).
[298] De Sancto Mathia Apostolo, Sermo 1 (IX 514 b).

a mesma se torna "esposa de Cristo, filha do Pai eterno e templo do Espírito Santo"[299]. Ao se abaixar, Deus não deixa de ser Deus, mas influi graça sobre a alma humana. Esta, por sua vez, se eleva em virtude de um hábito deiforme.

Segundo o doutor seráfico, a graça gratum faciens:

"é um dom que purifica, ilumina e aperfeiçoa a alma; que a vivifica, a reforma e a consolida; que a eleva, a assimila e a une a Deus, fazendo-a assim aceitável..."[300].

Deste modo, pela graça a alma é restaurada do pecado original e recriada a imagem de Deus[301]. A imagem de Deus é assim nela aperfeiçoada. A alma possui a Deus já que nela inabita o Espírito Santo. Pela ação do Espírito Santo se reestabelece sua relação familiar com Deus, sua relação esponsal com Cristo e sua relação santificante com o Espírito Santo. Deste modo, pode crer e amar como a esposa ao seu esposo[302].

Como filho de Deus o homem recebeu a adoção filial e a herança eterna. Mediante este dom infundido por Deus, a alma está unida indissoluvelmente e quase conjugalmente pelos laços do amor e da graça. Essa graça é fundamental porque nos faz dignos da eterna bem-aventurança. Ela nos reduz a Deus, nos conforma a Deus e nos faz aptos para a fruição de Deus. O Espírito Santo nos é dado como dom incriado para possuirmos a Deus e sermos possuídos por Ele[303].

Continunado a sua reflexão sobre os efeitos da graça no ser humano, o doutor franciscano afirma que através dessa graça nossa mente deve se conformar a Trindade segundo a retitude da eleição e segundo o repouso da fruição[304]. Considerando a primeira, são Boaventura afirma:

"ela se conforma à beatíssima Trindade segundo o vigor da virtude, pelo esplendor da verdade e pelo fevor da caridade; o vigor da virtude purifica, consolida e eleva a alma; o esplendor da verdade a ilumina, a reforma e a assemelha a Deus; e o

[299] Brev. p. 5 c. 1 n. 2 (BAC I 377).
[300] Ibid.
[301] Brev. p. 5 c. 1 n. 3 (BAC I 379).
[302] Ibid. n. 5 (BAC I 379-380).
[303] Brev. p. 5 c. 1 n. 4 (BAC I 379).
[304] Ibid. n. 3.

fevor da caridade a aperfeiçoa, a vivifica e a une a Deus e com tudo isto o homem chega a ser aceitável a Deus"[305].

A graça em sentido especial chama-se a ajuda concedida por Deus a fim de que o homem se disponha para receber o dom do Espírito Santo com o qual há de chegar ao estado de merecer, e esta se denomina graça gratuitamente dada[306]. Nela se encontra a suficiência necessária para dispor-nos à salvação[307].

A graça do Espírito Santo supõe a liberdade ou o livre arbítrio de cada pessoa[308]. A graça gratuitamente dada se refere à ação do Espírito Santo que concede a pessoa de cada fiel os seus dons, virtudes e carismas em vista da edificação da Igreja. Não há graça a não ser em cooperação com o livre arbítrio. Neste sentido, o Espírito Santo age nos ajudando a crescer em mérito e dignidade. Esta aperfeiçoa e finaliza nossa relação vital com Deus. Essa graça se visibiliza no tempo em ofícios, ministérios e estados de vida. De modo que a sua inabitação e ação não deixa nenhum fiel fora da partcipação ativa no corpo místico.

São Boaventura fala de carismas que são concedidos não somente aos clérigos ou aos ministros ordenados, mas a todo povo de Deus. Há ministérios relacionados à administração dos sacramentos, mas também ofícios e serviços que se referem aos estados de vida do leigo ou do religioso. Estes também são chamados na liberdade à edificação da Igreja e a realização do Reino de Deus.

Ao respondermos ao chamado divino, o Espírito Santo atua virtudes e gaças, ajudando-nos em nosso crescimento interior e espiritual, nos conduzindo a perfeição, e nos incorporando cada vez mais ao corpo místico e a nossa participação na Igreja. Tal crescimento em santidade se dá interiormente pelas virtudes e pela graça dos sacramentos. Os frutos desse progresso espiritual só podem acontecer no âmbito da unidade da Igreja. Segundo o doutor franciscano sem a inserção nessa unidade vital e sobrenatural da Igreja não há salvação[309].

---

[305] Brev. p. 5 c. 1 n. 6 (BAC I 381).
[306] Brev. p. 5 c. 2 n. 2 (BAC I 381 e 383).
[307] Ibid. 383.
[308] Ibid. n. 4 e 5 (BAC I 385).
[309] Brev. p. 6 n. 4 (BAC I 451-453).

Conclusão

Não podemos entender o papel do Espírito Santo sem considerar a sua participação na vida da Trindade. Ele procede do Pai e do Filho. Ele é a "caridade" e o "nexo" de amor entre ambos. Ele é o "dom incriado" que se dá e é dado pelo Pai mediante o Filho a toda criatura. Para são Boaventura, Deus está sempre a se comunicar a todas as criaturas no tempo.

Em Deus há perfeita comunicação e unidade. Em seu mistério de amor ao se manifestar as criaturas tende não somente a se comunicar, mas também a unificar de modo vital, ordenado e perfeito. Essa comunicação no tempo acontece através da missão do Filho e do Espírito Santo. Por sua vez, em sua missão, a terceira pessoa da Trindade está presente na missão de Cristo, Verbo encarnado e na missão da Igreja, corpo místico e na pessoa de cada fiel.

As Pessoas jamais agem sozinhas ou são justapostas uma a outra, mas eternamente em comunhão e em circumissessão. De modo dinâmico um Pessoa está e age na outra realizando de modo inefável a obra da criação, da redenção e da glorificação.

Com efeito, a vida da Trindade se manifesta no tempo das criaturas, especialmente na vida da Igreja. Isto acontece porque o Espírito Santo inabita na Igreja e na pessoa do fiel em particular. Essa habitação interior e invisível do Espírito Santo é, ao mesmo tempo, inabitação do Pai e do Filho, visto que uma Pessoa está na outra e age sempre com a outra. Por conseguinte, em sua inabitação, o Espírito Santo se manifesta abundantemente em sua missão visível no tempo.

Em resumo podemos dizer que a ação do Espírito está associada à ação de Cristo. Enquanto Cristo inicialmente concede a sua graça, o Espírito Santo a aperfeiçoa com o fim de santificar, unir e ordenar a Igreja. Em Cristo, no mistério de sua Paixão, a Igreja é fundada e, por conseguinte, pelas virtudes e pelos sacramentos do Batismo e da Eucaristia são incorporados à Igreja novos membros.

Por sua vez, o Espírito Santo opera de modo vivo e dinâmico o crescimento da Igreja no tempo. Em vista da perfeição da Igreja, Cristo concede o Espírito Santo em vista da realização de uma "necessidade" salvífica no dia Pentecostes.

Por conseguinte, a Igreja, corpo místico é obra de Cristo e do Espírito Santo. As afirmações sobre a necessidade da missão visível (missio visibilis) estão em conexão com a explanação sobre o que foi a manifestação do Espírito Santo, fundamento para a visibilidade da Igreja. A Igreja torna-se visível em Pentecostes, sobretudo, em sua evangelização, em seu ensino (redundantia doctrinae), na administração dos sacramentos e no exercício dos ministérios.

Enquanto Espírito santificador, o Espírito de Deus santifica a Igreja. Ela o possui com a tarefa de zelar pela santidade de seus membros mediante o exercício do sacerdócio em vista da salvação. Através da inabitação do Espírito Santo a Igreja é Ecclesia sancta, isto é, comunidade dos santos na qual é dada a "santidade". Isso não impede que de acordo com os seus graus seja concedida a santidade a justos e pecadores.

Neste sentido, ela é Igreja santificante e em santificação, cujo propósito é conduzir seus membros à plena santidade. Como mediadora salvífica da graça no Novo Testamento, através de seus meios de santificação (ministros e sacramentos) é sempre chamada a realizar essa santificação.

Que o Espírito Santo inabita a Igreja é o principio de unidade na Igreja. Em primeiro lugar Ele une e congrega a Igreja interiormente e exteriormente. Porque há um só Espírito, uma só fé, uma só caridade, uma só Igreja. Essa unidade não é uma uniformidade, mas unidade na multiplicidade de diferenças. De fato, é um efeito especial do Espírito Santo que haja ordem tanto no corpo místico como no corpo natural, isto é, consttuindo uma associação orgânica.

O Espírito Santo atuou no passado, no Antigo Testamento, na missão pública de Cristo, antes do acontecimento da Ascensão, mas em sua "redundância" se manifestou visivelmente em Pentecostes. Essa manifestação da "redundância" vai acontecendo progressivamente até alcançar sua plenitude em Pentecostes. A Igreja outrora oculta se manifesta visivelmente no tempo, ampliando abundantemente os efeitos da graça.

A Igreja nasce na Paixão de Cristo, mas através do Espírito Santo se manifesta a sua missão no mundo visivelmente e abundandemente. Essa ação interior e vital do Espírito Santo funda, aperfeiçoa e manifesta a missão da Igreja na história. Com efeito, o Espírito Santo não somente cria, mas também aperfeiçoa a unidade da Igreja, conduzindo-a a sua finalização de modo que sem essa unidade mística e sobrenatural não é possível a nossa salvação.

O Espírito Santo é a caridade e opera pela caridade. Com a sua inabitação no coração da Igreja e nos fiéis nos é dado a virtude da caridade. O Espírito opera a caridade, dilatando o coração dos fiéis para o amor mútuo em comunidade. Para são Boaventura a unidade perfeita na Igreja é resultado da caridade do Espírito Santo. A caridade é o "vínculo" ou "laço" que une os féis a Cristo e os fiéis entre si. A caridade é a virtude formadora da comunidade fraterna e solidária. Por conseguinte, o Espírito Santo opera sempre a caridade com a graça. De modo que podemos chamar a Igreja de comunidade na e da caridade. Em virtude da graça do Espírito Santo em nossos corações somos incluídos na vida familiar e fraterna da Trindade. Neste sentido, a Igreja se torna espaço da vida fraterna, onde Deus é nosso Pai e o Filho nosso irmão e somos irmãos entre nós.

O tempo da Igreja está associado à realidade última e escatológica do acontecimento de Cristo no mistério da encarnação. Não se dá segundo a sagrada Escritura, o advento de um terceiro Reino ou de uma terceira Igreja ou ainda uma nova era do Espírito Santo que substituirá a Igreja atual. O novo não está na substituição ou destruição dessa Igreja humana, santa e pecadora, mas na manifestação visível do Espírito Santo que continuamente e abundantemente age na Igreja renovando-a, santificando-a, aperfeiçoando-a.

Essa ação do Espírito no hoje da Igreja manifesta já agora o Reino de Deus. Ainda não é definitivo porque a Igreja está a caminho de sua perfeição na Jerusalém celeste ou Igreja triunfante. O Espírito Santo dirige a Igreja ao longo deste caminho. O Espírito Santo tem esse papel fundamental e vital de reconduzir toda Igreja assim como cada fiel à definitiva comunhão com a ssma. Trindade.

O princípio da Igreja está na ação conjunta de Cristo e do seu Espírito, mas essa fundação não se dá abstratamente, mas na história através das pessoas como por exemplo em Maria que acolhe a promessa do Senhor e realiza a vontade de Deus e se deixa conduzir pelo Espírito Santo. E, por conseguinte, Cristo institui os apóstolos que pela influência do Espírito Santo atuam na fundação da Igreja. Eles são assim pela assistência do Espírito Santo o fundamento da Igreja. Eles em seu ensino e seu ministério edificam a Igreja. Daí porque chamamos a Igreja de "apostólica", porque pela ação do Espírito a Igreja continua no tempo a obra de Cristo fundada sobre o testemunho dos apóstolos.

Concretamente sem o ensino, o testemunho e a atividade dos apóstolos associada à ação do Espírito Santo não haveria concretamente a Igreja no tempo.

O Espírito Santo age na vida de cada fiel batizado. Age de modo pessoal e gratificante, porque inabita no coração de cada membro da Igreja. Essa presença ou influência do Espírito Santo no fiel batizado opera a sua justificação, supondo sempre a sua liberdade e cooperação. Essa ação da graça do Espírito Santo é concomitante com o consetimento livre de cada pessoa. Na mesma o Espírito Santo realiza a graça "gratum faciens" e a graça "gratum data".

A terceira Pessoa da ssma. Trindade habita em cada um de nós pela fé, esperança e caridade. Por conseguinte, a sua presença vivifica, purifica e aperfeiçoa cada pessoa em particular. E segundo a sua benevolência e liberdade nos é dado segundo a nossa medida e necesidade da Igreja, carismas em vista de um ofício ou ministério ou ainda estado de vida. O Espírito Santo conduz a bom termo nossa incorporação ao corpo místico através das virtudes e da graça dos sacramentos. Neste sentido, somos salvos visto que participamos da unidade da Igreja. Tal unidade não é meramente natural, jurídica ou social, mas real e sobrenatural. Somos assim integrados a vida de toda Igreja, ou seja, ao corpo místico de Cristo.

Bibliografia

I. Fontes:

BONAVENTURAE, *OPERA OMNIA.* Firenze: Ad Claras Aquas (Quaracchi), Ex Typografhia Colleggi S. Bonaventurae.

______________. *Commentaria in Quatuor Libros Sententiarium Magistri Petri Lombardi,*

t. I, 1882;

t. II, 1885;

t. III, 1887,

t. IV, 1889.

______________. *t. VI, Commentarii in Sacra Scripturam,* 1892.

_______________. t. VII: *Comm. In Evangelium S. Lucae*, 1895.

_______________. t. IX: *Sermones de Tempore, de sanctis*, de B. Virgine Maria et de Diversis, 1901.

BUENAVENTURA. *Obras de San Buenaventura*, t. I, 1ª. ed., Madrid: BAC, 1945.

_________________. *Obras de San Buenaventura*, t. II, 3ª. ed., Madrid: BAC, 1967.

_________________. *Obras de San Buenaventura*, t. III, 1ª. ed. Madrid: BAC, 1945.

_________________. *Obras de San Buenaventura*, t. V, 1ª. ed. Madrid: BAC, 1948.

_________________. *Obras de San Buenaventura*, t. VI, 1ª. ed. Madrid: BAC, 1947.

BONAVENTURA, *Opere de San Boanventura, Commento al Vangelo di San Giovanni*, I, ed. latino-italiana, Roma: 1990, Città Nuova.

II. Comentários:

1. BONNEFOY, J.-Fr. *Le Saint-Esprit et ses dons selon Saint Bonaventure*, Paris: Vrin, 1929.
2. BERRESHEIM, Heinirich, *Christus als haupt der Kirche nach dem heiligen Bonaventura,* Münster: Antiquariat Th. Stenderhoff, 1983.
3. ROVAI, José, *La Iglesia y la existencia Cristiana*, revista de la Facultad de Teología de la Pontificia Universidad Católica Argentina. Buenos Aires. nº 25-26, 1975.
4. HELLMAN, J. A. *Wagne, Divine and created Order in Bonaventure's Theology,* tr. ing., Nova Iorque: The Franciscan Institute San Bonaventure, 2001.
5. MERINO, J. A. Merino e FRENESDA F. M. (org.), *Manual de Teologia Franciscana*, trad. bras., Petrópolis: Editora Vozes e FFB, 2005.

6. MATHIEU, Luc, *La Trinité Creatrice d'après Saint Bonaventure*, Paris: Les Éditions Francicaines, 1992.
7. __________. Introduction. *La Doctrine Trinitaire de Saint Bonaventure*, in: Bonaventure, Breviloquium. 1. La Trinité de Dieu. p. 1, trad. franc. Les Paris: Éditions Franciscaines, 1967, p. 7-48.
8. SILIC, Rufin, *Christus und die Kirche, Ihr Verhältnis nach der Lehre des Bonaventura,* Breslau 1938.
9. "Spiritus Sanctus", in: *Dizionario Bonaventuriano*, Editrice Francescane, Padova, 2008, p. 761- 771.

Siglas ou tradução de obras e sermões

Obras:

In I, II, III, IV Sent. comentários às sentenças do mestre Pedro Lombardo;

In Ioan: comentário ao evangelho de João;

In Luc: comentário ao evangelho de Lucas;

DSSt: conferências sobre os sete dons do Espírito Santo;

Itin.: itinerário da mente para Deus;

Brev.: brevilóquio;

Hex.: conferências sobre o Hexäemeron (os seis dias da criação);

M. Trin.: questões disputadas sobre o mistério da Trindade;

Perf. ev.: questões de perfeição evangélica;

Lig. vit: a árvore da vida;

Tripl. Via: as três vias;

Solil.: solilóquio;

Vit. myst.: vida mística.

Sermões:

De Ann. B. V. M.: sermão da anunciação da bem-aventurada Virgem Maria;

De Assun. B. V. M.: sermão da Assunção da bem-aventurada Virgem Maria;

De Sancto Mathia Apostolo: sermão da festa de São Matias Apóstolo;

Dom post pascha: sermão do Domingo após a Páscoa.

De sancto Marco Evangelista: sermão da festa de são Marcos Evangelista;

Epiph.: sermão da Epifania do Senhor.

Festo omn. Sanct.: sermão da festa de todos os santos.

Dom. Post Pent: sermão do domingo depois de Pentecostes;

Dom. Adv.: sermão do domingo do Advento.

Sabbato Sancto: sermão do sábado santo.

De Sanctis Angelis: Sermão sobre os santos anjos.

De Sancto Stephano Martyre: sermão da festa de são Estevão mártir.

De Nostra Redemptione: sermão sobre a nossa redenção.

MIX
Papier aus verantwortungsvollen Quellen
Paper from responsible sources
FSC® C105338

Printed by Books on Demand GmbH, Norderstedt / Germany